公路危旧桥梁排查技术指南

交通运输部公路科学研究院　主编

人民交通出版社股份有限公司
北　京

内 容 提 要

本书针对公路危旧桥梁排查和改造的要点和难点,介绍了公路桥梁发展现状及存在的问题,危旧桥梁排查目标和改造的工作重点;提出了公路危旧桥梁资料收集和筛查方法,对技术状况评定计算时易忽视的问题指出关注要点,特别对结构存在缺陷的双曲拱桥、普通桁架拱桥、刚架拱桥、带挂梁结构的桥梁和中、下承式拱桥明确了排查要点和补充评定标准,并给出评定案例。

本书可在高速公路、普通国省干线和农村公路危旧桥梁排查和改造工作中使用,为广大养护管理人员和工程技术人员提供参考。

图书在版编目(CIP)数据

公路危旧桥梁排查技术指南 / 交通运输部公路科学研究院主编. — 北京:人民交通出版社股份有限公司,2020.9

ISBN 978-7-114-16799-7

Ⅰ. ①公… Ⅱ. ①交… Ⅲ. ①公路桥—安全管理—中国—指南 Ⅳ. ①U448.147-62

中国版本图书馆 CIP 数据核字(2020)第 158173 号

书 名:	公路危旧桥梁排查技术指南
著 作 者:	交通运输部公路科学研究院
责任编辑:	赵瑞琴
责任校对:	刘 芹
责任印制:	刘高彤
出版发行:	人民交通出版社股份有限公司
地 址:	(100011)北京市朝阳区安定门外外馆斜街 3 号
网 址:	http://www.ccpcl.com.cn
销售电话:	(010)59757973
总 经 销:	人民交通出版社股份有限公司发行部
经 销:	各地新华书店
印 刷:	北京交通印务有限公司
开 本:	710×1000 1/16
印 张:	6.75
字 数:	121 千
版 次:	2020 年 9 月 第 1 版
印 次:	2023 年 11 月 第 3 次印刷
书 号:	ISBN 978-7-114-16799-7
定 价:	48.00 元

(有印刷、装订质量问题的图书由本公司负责调换)

《公路危旧桥梁排查技术指南》
编委会

主　　任：周荣峰　张劲泉

主　　编：申　强　刘　渊　赵之杰

编写人员：马少飞　孙希来　毕硕松　朱建明
　　　　　陈夏阳　吴荣桂　何亚斌　张小江
　　　　　王来永　王明飞　张　磊　张志刚
　　　　　张洪雷　陈庆康　王　威　徐光鹏

编审人员：周海涛　成　平　杨　亮　王增贤
　　　　　陈　跃　黄成造　胡钊芳　李　健
　　　　　花　蕾　王晓东　杨　昀　侯　旭
　　　　　宛劲松　廖　军　许　亮　王常青
　　　　　刘　英

前　　言

建设交通强国是建设现代化经济体系的先行领域，是全面建成社会主义现代化强国的重要支撑，是新时代做好交通工作的总抓手。

为更好贯彻落实交通强国建设的决策部署，进一步提升公路桥梁安全耐久水平，交通运输部《关于进一步提升公路桥梁安全耐久水平的指导意见（送审稿）》提出，要加大公路桥梁养护改造力度，制定危旧公路桥梁排查和改造技术要求。由省级人民政府牵头，对结构缺陷、适应性不足或抗船舶碰撞能力不够以及技术状况三、四、五类的公路桥梁进行全面排查，按照轻重缓急制定改造提升长期计划，纳入交通运输发展规划。

为此，由交通运输部公路局、交通运输部公路科学研究院、北京新桥技术发展有限公司等单位组成编委会，着手编制《公路危旧桥梁改造技术要求》（以下简称《技术要求》）。在调研过程中发现，各地对公路桥梁养护检查工作落实程度差异很大，特别是农村公路桥梁的检查频率和检查深度远远达不到部颁标准规范和管理制度的要求；结构缺陷桥梁普遍服役时间长、建设标准低，管养单位的认识严重不足，养护检查中往往忽略关键受力部位和重点缺陷、病害，潜在安全隐患多。鉴于现行有关公路桥梁养护管理的制度基本完善，检查、评定、养护、维修、加固、新建等标准规范体系完整，但各地执行水平不一的现状，《技术要求》重点针对桥梁排查、四类和五类桥梁技术状况复核提出要求，针对结构存在缺陷桥梁强调排查要点和细化评定标准，针对适应性不足桥梁提出判定准则，对桥梁设计和施工中容易被管理单位和技术人员忽视的问题，提出进一步明确的要求。

加强排查评估，落实危旧桥梁的技术改造是当前公路桥梁养护管理的必要环节，特别是现有大量建设年代早、建设标准低、存在结构缺陷的桥梁成为养护管理的重中之重。本书作为《技术要求》的重要补充，是协助省级交通运输主管部门快速、高效、准确完成公路危旧桥梁排查工作的技术指引。

第 1 章介绍了公路桥梁发展现状及存在的问题，提出公路危旧桥梁排查目标和改造的工作重点。

第 2 章介绍了危旧桥梁筛查实施步骤，对需要收集的资料进行了详细的解释说明,结合交通运输部相关标准规范和制度提出筛查方法和要点。

第3章介绍了技术状况评定方法,并对《公路桥梁技术状况评定标准》(JTG/T H21—2011)颁布近十年来,在应用过程中容易忽略或产生误读、误用的方面予以解释说明。

第4章至第8章分别介绍了双曲拱桥、普通桁架拱桥、刚架拱桥、带挂梁结构的桥梁和中、下承式拱桥的技术状况评定。其中,第1节重点介绍桥型发展的历史、现状和构造特点,肯定了桥型在桥梁发展史上的地位和社会发展历程中做出的重要贡献。第2节针对桥型的结构特点提出排查时应特别关注的要点,分析原因并给出部分示例。第3节结合《公路桥梁技术状况评定标准》(JTG/T H21—2011)相关内容细化了部件、构件划分及权重分配要点,明确了上部结构评定指标及分级评定标准,并针对性地增加了部分评定指标。第4节通过典型工程案例分析,结合外观检查结果和评定标度、技术状况评定计算,给出评定等级结论,为结构缺陷桥型的技术状况评定提供参考。

工程结构物是符合自身"生命周期"发展规律的,公路桥梁具有服役周期长、工作环境恶劣等特点,随着建设完成投入运营,即进入漫长的衰退期。客观来看,桥梁老化问题是"重大周期性问题",我国公路桥梁的发展从大规模建设走向大规模养护的阶段已十年有余,随着时间的推移,早期、中期建设的大量桥梁也将一步步加入"老龄化"的队伍中来,危旧桥梁排查和改造也将永远在路上。

本书既是对交通运输部危旧桥梁排查和改造相关技术标准、制度和要求的解读,也是对相关技术标准的补充说明,结合工程实例阐述相关知识,具有很强的实用价值。本书可在高速公路、普通国省干线和农村公路危旧桥梁排查和改造工作中使用,为广大桥梁养护管理人员和桥梁检查、检测技术人员提供参考。

编　者
2020年8月

目 录

第1章 概述 ········· 1
1.1 公路桥梁现状 ········· 1
1.2 排查目标 ········· 1
1.3 危旧桥梁改造工作重点 ········· 2

第2章 资料收集与筛查 ········· 3
2.1 工作流程 ········· 3
2.2 资料收集 ········· 3
2.3 筛查要点 ········· 7

第3章 技术状况评定 ········· 8
3.1 技术状况评定方法 ········· 8
3.2 评定中需关注的要点 ········· 8
3.3 桥梁技术状况评定案例 ········· 10

第4章 双曲拱桥技术状况评定 ········· 14
4.1 桥型简介 ········· 14
4.2 排查要点 ········· 15
4.3 评定标准 ········· 17
4.4 某(2×40m)双曲拱桥案例 ········· 21

第5章 普通桁架拱桥技术状况评定 ········· 30
5.1 桥型简介 ········· 30
5.2 排查要点 ········· 32
5.3 评定标准 ········· 34
5.4 某乡道(1×43.0m)桁架拱桥案例 ········· 40

第6章 刚架拱桥技术状况评定 ········· 47
6.1 桥型简介 ········· 47
6.2 排查要点 ········· 47
6.3 评定标准 ········· 50
6.4 某省道(4×30m)刚架拱桥案例 ········· 55

第7章 带挂梁结构的桥梁技术状况评定 ………………………………… 62
7.1 桥型简介 ……………………………………………………………… 62
7.2 排查要点 ……………………………………………………………… 63
7.3 评定标准 ……………………………………………………………… 64
7.4 某带挂梁结构桥梁评定案例 ………………………………………… 67

第8章 中、下承式拱桥技术状况评定 …………………………………… 84
8.1 桥型简介 ……………………………………………………………… 84
8.2 排查要点 ……………………………………………………………… 86
8.3 评定标准 ……………………………………………………………… 87
8.4 某省道(256m)中承式钢管混凝土拱桥案例 ……………………… 89

参考文献 ……………………………………………………………………… 99

第1章 概 述

1.1 公路桥梁现状

改革开放特别是党的十八大以来,我国公路桥梁取得了举世瞩目的成就。《2019年交通运输行业发展统计公报》显示,2019年末全国公路桥梁87.83万座、6063.46万m,其中特大桥梁5716座、1033.23万m,大桥108344座、2923.75万m。

公路桥梁是公路基础设施的重要组成部分,对联结、贯通公路网络具有十分重要的意义。如何积极防范公路桥梁运营阶段的系统性风险,化解"灰犀牛"事件,有效提升公路桥梁安全运营水平,是落实高质量发展,建设现代化经济体系、服务人民群众安全便捷出行需要的内在要求。

工程结构物是符合自身"生命周期"发展规律的。公路桥梁具有服役周期长、工作环境恶劣等特点,随着建设完成投入运营,立即进入漫长的衰退期。客观来看,桥梁老化问题是"重大周期性问题",特别是现有大量建设年代早、建设标准低、存在结构缺陷的桥梁成为养护管理的重中之重。加强排查评估,落实危旧桥梁改造是当前公路桥梁养护管理的重点工作。

1.2 排查目标

高效精准的排查评估是切实保障公路桥梁运行安全、从根本上消除事故隐患的先决条件,因此排查评估阶段应当达到以下目标:

(1)全面筛查:对现有公路桥梁全覆盖、无死角地筛查出需要进行排查评估桥梁。

(2)高效排查:严格按照相关行动方案及技术要求开展排查评估,全面摸清公路桥梁安全风险底数。

(3)精准排序:以排查评估得到等级排序,以便按照轻重缓急原则编制改造计划,优先开展安全风险较大的桥梁改造,确保不发生桥梁恶性垮塌事故。

(4)动态更新:实时跟踪改造计划及改造进度,改造完成后及时更新相关数据。

(5)常态管理:健全完善桥梁安全运行体系,结合公路桥梁养护检查形成动态排查评估机制,实现即查即处。

1.3 危旧桥梁改造工作重点

《交通运输部关于印发安全生产专项整治三年行动工作方案的通知》(交安监发〔2020〕52号)中的"总体目标"指出,要坚持问题导向、目标导向和结果导向,深化源头治理、系统治理和综合治理。坚决做到从根本上消除事故隐患不放松,整治工作不达目的不放松,不断深化完善交通运输安全体系,切实提升本质安全水平,提高安全生产治理能力。

自交通运输部2011年开展危桥改造工作以来,危桥数量和占比实现了双下降,成就瞩目。各省级交通运输主管部门也积累了丰富的经验。结合部、省经验总结出以下工作重点:

(1)规范化管理。准确翔实的排查是危旧桥梁改造工作的前置条件,省级交通运输主管部门需要结合自身管理特点,推动健全政策和管理体系,建立常态化实施的排查制度,确保排查工作与立项、计划、施工、验收和资料归档形成闭环,将排查工作和运营阶段的养护检查相融合,服务于桥梁完整的生命周期。

(2)精准化评定。委托具有相应资质和能力的专业检测机构对筛查出的桥梁进行专门的排查和评定,并出具评定报告。同时将病害照片、认定结果等通过信息化手段上传到桥梁管理系统中。由省级交通运输主管部门组织对评定结果进行复核认定,并按照"一桥一档"要求建立全省公路危桥电子档案。认定符合条件的,及时建立工作任务库,并实行清单管理、销号管理、动态管理。

(3)系统化分析。根据各地初步分析结论及实际检测结果,充分利用第三方设计、检测、咨询等专业机构力量,对桥梁结构性病害和桥梁适应性问题进行系统分析、分类处置、综合施策,提出前期设计、中期实施、后期管养的专业性意见,编制初步改造方案。

(4)信息化监管。积极运用信息化技术手段,按照"一桥一档"的原则,建立完善桥梁电子档案,推动建立桥梁电子标签。结合经常检查工作,同步开展现有桥梁病害巡检和危桥改造工程监督,实现危桥改造工程数据的电子化、日常养护的智能化、桥梁管理工作的信息化,提高桥梁的信息化监管水平。

第2章 资料收集与筛查

2.1 工作流程

公路危旧桥梁筛查实施步骤如图2.1-1所示。

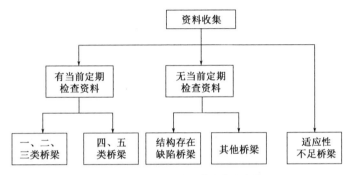

图2.1-1 公路危旧桥梁筛查实施步骤

2.2 资料收集

为支撑后续的筛查和评估,资料收集工作包括管理资料、管理主体及运行路线资料、结构基础资料和运行环境资料等。具体内容及说明如下:

(1)需收集的管理资料:省级交通运输主管部门根据《公路长大桥隧养护管理和安全运行若干规定》(交公路发〔2018〕35号)编制的长大桥隧目录。

(2)路线编号、路线名称:公路的路线编号和路线标准名称应按照《公路路线标识规则和国道编号》(GB/T 917—2017)的相关规定填报。如:G1路线名称为"京哈高速";G2路线名称为"京沪高速"。"路线编号"填写一位路线标识符(G、S、X、Y、C、Z)加相应的编号。

(3)路线技术等级。对应填写以下各项文字:①高速;②一级;③二级;④三级;⑤四级;⑥等外。

(4)桥梁代码:桥梁代码是桥梁识别的不可重复标志,按"路线编号+县级行政区划代码+L+四位数字编号"组成。由于路线编号不等长,桥梁代码可采用不等长代码。下行桥梁数据按照单独桥梁代码填报,桥梁代码中的路线标识符G、S、

X 分别用 H、T、J 替代,其他填报要求与上行桥梁相同。

(5)中心桩号:填写主线桥梁中心点位置的里程桩号。一般情况下,桥梁中心桩号由桥梁起点背墙前沿线桩号与桥梁跨径总长之和的一半得出。

(6)所在地:高速公路、普通国省干线填写桥梁所在省份、区(县),农村农路填写桥梁所在省份、区(县)、乡镇。

(7)建成通车时间:建成通车日期填写 8 位数字格式 YYYYMMDD,例如 20201017。

(8)建设单位:填写实际负责桥梁建设的单位名称,有多家单位共同参与的,应一并填写并用顿号分开。改建或重建的桥梁,按承担改建或重建的建设单位填写。

(9)管养单位:填写当前对桥梁实施养护管理的单位,有多家单位共同参与养管的,应一并填写并用顿号分开。

(10)监管单位:按照《公路桥梁养护管理工作制度》(交公路发〔2007〕336 号)相关规定,填写当前对桥梁负有监管责任的单位名称。

(11)桥梁全长:按照《公路工程技术标准》(JTG B01—2014)规定,有桥台的桥梁应为两岸桥台侧墙或八字墙尾端间的距离,无桥台的桥梁应为桥面系长度。当桥梁线形为曲线时,其长度为桥梁中心线在地平面上投影的长度。互通式立体交叉桥长度按主线桥长度计算,不包括其连接的匝道及匝道桥长度。

(12)桥面全宽:桥梁两侧外沿之间的宽度,单位为 m(保留 2 位小数)。

(13)行车道净宽:填写桥梁行车道宽度之和,单位为 m(保留 2 位小数)。

(14)上部结构类型。对应填写以下各项文字:①空心板梁;②整体现浇板;③T 梁;④I 梁;⑤Π 形梁;⑥箱形梁;⑦桁架梁;⑧实心板梁;⑨肋板梁;⑩组合式梁;⑪连续 T 梁;⑫连续箱梁;⑬悬臂梁;⑭板拱;⑮肋拱;⑯双曲拱;⑰箱形拱;⑱桁架拱;⑲刚架拱;⑳系杆拱;㉑其他拱桥;㉒门式刚构;㉓斜腿刚构;㉔T 形刚构;㉕连续刚构;㉖悬索桥;㉗自锚式悬索桥;㉘斜拉桥;㉙其他桥。

(15)桥面板位置。仅针对拱桥填写,对应填写以下各项文字:①上承;②中承;③下承。

(16)跨径组合:填写格式为孔数×单跨长度的组合,按照沿路线前进方向(桩号从小到大),先边跨后主跨再边跨的顺序填写。如:路线前进起点的边跨共 3 跨,跨径均为 80m,主跨为 4 跨连续梁,跨径均为 120m,尾跨为 2 跨,跨径均为 60m,该桥的跨径组合应填报为(3×80+4×120+2×60)。

(17)设计荷载等级。填写桥梁修建时或加固改建后的荷载等级,对应填写以下各项文字:①公路-Ⅰ级;②公路-Ⅱ级;③汽车-超 20 级;④汽车-20 级;⑤汽车-15

级;⑥汽车-13级;⑦汽车-10级;⑧低于汽车-10级。

由于新中国成立以来公路桥梁设计标准的多次更新,现有桥梁的设计汽车荷载主要有《公路工程技术标准》(JTG B01—2003)(简称2003标准)规定的公路-Ⅰ级、公路-Ⅱ级,《公路桥涵设计通用规范》(JTJ 021—89)(简称1989标准)规定的汽车-超20级、汽车-20级、汽车-15级、汽车-10级,同时也可能存在1967年《公路桥梁车辆荷载及净空标准暂行规定》(简称1967标准)规定的汽车-26、汽车-15、汽车-10,1956年《公路工程设计准则(修订草案)》(简称1956标准)规定的汽-18、汽-13、汽-10。

考虑到现有桥梁中以2003标准和1989标准建设占绝大多数,承载能力评估以这两个标准规定的荷载为基准,如有按1967标准和1956标准建设的桥梁,可按照表2.2-1折算为1989标准的荷载等级。

设计荷载折算表 表2.2-1

序号	2003标准	1989标准	1967标准	1956标准
1	公路-Ⅰ级	汽车-超20级		
2	公路-Ⅱ级	汽车-20级		汽-18
3		汽车-15级	汽车-26	汽-13
4		汽车-10级	汽车-15	汽-10
5			汽车-10	

注:1967标准和1956标准荷载与2003标准的代换关系来自1990年交通部公路科学研究所《公路桥梁使用功能评定细则》的研究成果。

(18)跨越地物类型。对应填写以下各项文字:①高速公路;②普通公路;③市政道路;④高速铁路;⑤一般铁路;⑥河流;⑦跨海;⑧航道;⑨其他;⑩无。

(19)最近一次定期检查时间:填写最近一次定期检查时间,最近一次定期检查时间格式为8位数字格式YYYYMMDD,例如20201017。

(20)技术状况等级。对应填写以下各项文字:①一类;②二类;③三类;④四类;⑤五类。

(21)三类桥中的四五类部件:技术状况等级为三类的桥梁,存在四、五类部件的,按照《公路桥梁技术状况评定标准》(JTG/T H21—2011)填写部件名称,如有多个时应一并填写并用顿号分开;如不存在四、五类部件,此项项写"无"。

(22)是否宽路窄桥、是否需抗洪排查。对应填写以下各项文字:①是;②否。

(23)通航等级。对应填写以下各项文字:①不通航;②一级;③二级;④三级;⑤四级;⑥五级;⑦六级;⑧七级。

最终形成统计表,可参考表2.2-2的格式。

表 2.2-2 省危旧桥梁资料收集统计表

序号	管理主体及运行路线资料								结构基础资料							运行环境资料	
	路线编号	路线名称	路线技术等级	桥梁代码	桥梁名称	中心桩号	所在地	建成通车时间	建设单位	管养单位	监管单位	桥梁全长(m)	桥面全宽(m)	行车道净宽(m)	上部结构类型	桥面板位置	跨径组合	设计荷载等级	跨越地物类型	最近一次定期检查时间	技术状况等级	三类桥中的四、五类部件	是否需宽路窄桥	是否通航等级抗洪排查
1																								
2																								
3																								
4																								
5																								
6																								
...																								

2.3 筛查要点

通过收集的资料,按照下列原则进行筛查工作,旨在建立危旧桥梁基础台账,为排查评估工作建立基础。

1)确定是否有当期定期检查资料

按照交通运输部《关于进一步加强公路桥梁养护管理的若干意见》(交公路发〔2013〕321号)要求:定期检查是确定桥梁技术状况的全面检查,一般桥梁应不少于三年一次,特大、特殊结构和特别重要桥梁(简称"三特桥梁")定期检查不少于一年次。对无当期定期检查资料的桥梁参考本指南开展技术状况评定工作。

2)确定现有技术状况

针对具有当期定期检查资料的桥梁,可根据需要结合定期检查时间、病害发展情况确定是否需要排查。

(1)技术状况为一、二、三类的桥梁,如存在结构性病害且发展较快的,可根据需要开展技术状况评定。

(2)技术状况为四、五类的桥梁,按照《公路桥梁养护管理工作制度》(交公路发〔2007〕336号)要求组织复核。复核原则如下:

①技术状况为四类的中、小桥梁以及结构较简单、病害清楚的大桥,由上级公路管理机构的桥梁养护工程师负责组织复核;

②技术状况为四类的特大桥、结构或病害较复杂的大桥,以及技术状况为五类的桥梁,由上级公路管理机构桥梁工程师提出初步复核意见后报省级公路管理机构,由省级公路管理机构的桥梁养护工程师负责组织提出最终复核意见。

3)确定结构存在缺陷桥梁

根据桥梁上部结构类型筛查确认是否为结构存在缺陷桥梁。

双曲拱桥、刚架拱桥、桁架拱桥等轻型少筋拱桥确认为结构存在缺陷桥梁。悬臂梁桥、T形刚构桥开展进一步排查,确认是否带有挂梁结构,带挂梁的确认为结构存在缺陷桥梁的桥梁。桥面板位置为中承和下承的拱桥开展进一步排查,确认是否设置劲性纵梁,无劲性纵梁的确认为结构存在缺陷桥梁的桥梁。对所有结构存在缺陷桥梁参考本指南开展技术状况评定工作。

4)确定是否需要开展适应性评定

结合运行环境资料,对宽路窄桥的桥梁和需要抗洪排查的桥梁开展相关适应性评定。

第3章 技术状况评定

本章对公路桥梁技术状况评定中需要关注的要点进行了总结说明,并对评定流程进行了举例。第4章至第7章对需要特别关注的桥梁排查要点和评定标准进行了说明和举例(双曲拱桥、刚架拱桥、桁架拱桥等轻型少筋拱桥,悬臂梁桥、T形刚构桥等带挂梁结构的桥梁,无加劲纵梁吊杆拱桥等结构冗余度明显不足桥梁)。

3.1 技术状况评定方法

公路桥梁技术状况应按《公路桥梁技术状况评定标准》(JTG/T H21—2011)(以下简称《评定标准》)采用分层综合评定与5类桥梁单项控制指标相结合的方法进行评定。其中分层综合评定方法共分四个步骤,步骤一是桥梁各构件评定,步骤二是桥梁各部件评定,步骤三是桥梁结构(上部结构、下部结构及桥面系)评定,步骤四是桥梁总体技术状况评定。除了考虑全桥整体的分层综合评定外,《评定标准》还设定了全桥最差状况的评定方法,即五类单项控制指标,参照《评定标准》4.3节执行。

需要注意的是,桥梁技术状况评定应同时给出分层综合评定及5类单项控制指标的评定结果。

3.2 评定中需关注的要点

(1)当一座桥梁由不同结构形式相接(或拼宽)时,应按照结构形式的分布情况划分为多个评定单元,分别对各单元评定后,取最差的评定等级作为全桥技术状况等级。评定时对于共用部(构)件(如共用墩),需分别在各自单元同时考虑。

(2)如有未在《评定标准》中列出的部件,可按照构件功能和损坏后对结构的危害程度,参考《评定标准》3.2.2条对部件和权重进行重新划分。

(3)桥梁构件应根据结构形式、受力特点、施工工艺合理划分。

桥梁构件的合理划分,是桥梁的技术状况评定的基础,因此需要检测工程师根据桥梁受力特点、施工方式等合理划分。

例如,对于悬臂施工的箱梁,建议按照施工节段划分梁体构件,而非将一跨作为一个构件。

案例:某特大桥为(85m+4×153m+85m)六跨预应力混凝土变截面连续-刚构组合体系,桥梁全长 783m。该桥上部主要部件根据施工节段划分。

例如,第 4 跨,其 0 号块、各施工节段、合龙段均作为一个构件,第 4 跨上部主要承重部件的构件数量为 13 个。桥跨第 4 跨箱梁编码如图 3.2-1 所示。

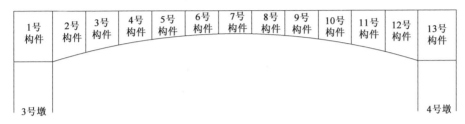

图 3.2-1 桥跨第 4 跨箱梁编码示意图

(4)桥梁中未设置的部件,其权重值应按照部件的隶属关系分配给相关部件,分配比例以相关部件原权重占比为宜。

实际工作中当存在某座桥梁未设置的部件,如单跨桥梁无桥墩、高速公路桥梁无人行道等类似情况时,需要根据此构件隶属于上部结构、下部结构或桥面系关系,将此缺失部件的权重值分配给其他部件。分配方法采用将缺失部件权重值按照既有部件权重在全部既有部件权重中所占比例进行分配的方法,案例可参考《评定标准》条文说明 4.1 节。

对于桥梁应设而未设的构件,权重不能重分配,而是得分打到 0。这一点需要工程师根据理论知识和工程经验进行判断,比如横向联系应设未设、翼墙耳墙应设未设、调治构造物应设未设等。

(5)技术状况评分计算时,若构件存在多种病害,则按照病害扣分值由大到小的顺序计算。

案例:某连续梁桥一片梁底出现混凝土纵向裂缝、孔洞和刮伤三种病害,评定标度分别为 3、2 和 2,该梁评分按如下内容计算:

①按照《评定标准》表 5.1.1-12 要求,确定连续梁桥梁底裂缝这项检测指标所能达到的最高标度类别为 5 类,扣分值即为 45;孔洞这项检测指标所能达到的最高标度类别为 4 类,扣分值即为 25;梁底混凝土刮伤(归到剥落、掉角评定指标中)这项检测指标所能达到的最高标度类别为 4 类,扣分值即为 25。

②然后按照两项病害扣分值多少由大至小进行排序计算,45 分排序第一,

两个 25 分分别排序第二和第三,计算过程如下所列。

$$U_1 = 45$$

$$U_2 = \frac{DP_{i2}}{100 \times \sqrt{2}} \times (100 - \sum_{y=1}^{1} U_1) = \frac{25}{100\sqrt{2}} \times (100 - 45) = 9.7$$

$$U_3 = \frac{DP_{i3}}{100 \times \sqrt{3}} \times (100 - \sum_{y=1}^{2} U_1) = \frac{25}{100\sqrt{3}} \times (100 - 45 - 9.7) = 6.5$$

③最后,该片梁因为混凝土纵向裂缝、孔洞和刮伤三种病害的存在得分为:

$$PMCI_l = 100 - \sum_{x=1}^{3} U_x = 100 - U_1 - U_2 - U_3 = 100 - 45 - 9.7 - 6.5 = 38.8$$

(6)对于单个构件,蜂窝、麻面、剥落、掉角、空洞、孔洞等表观缺陷病害,因影响程度、形成原因相类似,因此按照一类病害考虑,选择其最差病害参与评分计算,避免出现叠加扣分导致构件评分不合理降低的情况出现。本指南推荐按照表 3.2-1 进行评定。

混凝土表观缺陷评定标准　　　　　　表 3.2-1

标度	评定标准	
	定性描述	定量描述
1	完好	—
2	较大面积蜂窝、麻面	累计面积≤构件面积的 50%
	局部混凝土剥落、掉角	累计面积≤构件面积的 5%,或单处面积≤0.5m²
	局部混凝土空洞、孔洞	
3	大面积蜂窝、麻面	累计面积>构件面积的 50%
	较大范围混凝土剥落、掉角	累计面积>构件面积的 5%且<构件面积的 10%,或单处面积>0.5m²且<1.0m²
	较大范围混凝土空洞、孔洞	
4	大范围混凝土剥落、掉角	累计面积≥构件面积的 10%,或单处面积≥1.0m²
	大范围混凝土空洞、孔洞	

(7)如遇到《评定标准》中未列出的病害,可按照病害成因、对结构的影响等原则参考同类病害的评定标准评定计算。

3.3 桥梁技术状况评定案例

案例:某高速公路右幅一座梁式桥(图 3.3-1)桥跨组合 3×16m,上部结构为每跨 11 片预应力混凝土简支空心板梁,2 道毛勒缝,三柱式桥墩,埋置式桥台,评定指标检查评定见表 3.3-1,构件数量统计表见表 3.3-2。

第3章 技术状况评定

梁式桥评定指标检查评定表　　　　　　　　　表3.3-1

序号	部件名称	部件编号	病害部位	病害类型	病害尺寸	评定标度	照片编号
1	伸缩缝	R2	锚固区	混凝土剥落	$1m^2$	2	图3.3-2
2	梁	R1-4	距R0桥台1m	纵向裂缝	5m/0.15mm	2	图3.3-3
3	梁	R3-2	距R3桥台3m	纵向裂缝	1m/0.1mm	2	—
4	铰缝	R1-4	距R0桥台1m	填料脱落	3m	2	图3.3-4

图3.3-1　右幅桥梁立面照片

图3.3-2　伸缩缝混凝土剥落照片

梁式桥构件数量统计表　　　　　　　　　表3.3-2

部位	评价部件	构件数量 n	备注
桥面系	桥面铺装	3	该桥为3跨
	伸缩装置	2	该桥共有2个伸缩缝
	人行道	0	该桥未设此部件
	栏杆、护栏	2	桥面铺装左右两侧
	排水系统	1	合计为1个构件
	照明、标志	1	合计为1个构件
上部结构	上部承重部件(空心板梁)	33	一跨有11片空心板，共33片
	上部一般构件(铰缝)	30	一跨有10个铰缝，共30个
	支座	132	一片空心板梁下有4个支座，共132个
下部结构	翼墙、耳墙	0	该桥未设此部件
	锥坡、护坡	2	右幅桥梁，只有2个
	桥墩	2	三跨结构，有2个桥墩
	桥台	2	2个桥台
	墩台基础	4	桥墩基础加桥台基础，共4个
	河床	1	权重较小，共1个
	调治构造物	1	权重较小，共1个

图3.3-3 梁底纵向裂缝照片　　　　图3.3-4 铰缝填料脱落照片

步骤一：构件计算

(1)伸缩缝锚固区混凝土破损。

最大评定标度为4,实际评定标度为2,扣分25,得分100-25=75。1道伸缩缝有此病害。

(2)空心板底纵向裂缝。

最大评定标度为5,实际评定标度为2,扣分35,得分100-35=65。2片梁有此病害。

(3)铰缝填料脱落。

最大评定标度为4,实际评定标度为2,扣分25,得分100-25=75。1个铰缝有此病害。

步骤二：部件计算

(1)伸缩缝得分(一共2个,得分分别为75、100)。

$$DCCI_{伸缩缝} = \overline{DMCI} - \frac{100-DMCI_{min}}{t} = 87.5 - \frac{100-75}{10} = 85$$

(2)上部承重构件(一共33片空心板,得分分别为65、65,其余31片满分)。

$$PCCI_{梁} = \overline{PMCI} - \frac{100-PMCI_{min}}{t} = 97.9 - \frac{100-65}{5.2} = 91.2$$

(3)上部一般构件(一共30个铰缝,其中一个得分为75,其余29个满分)。

$$PCCI_{铰缝} = \overline{PMCI} - \frac{100-PMCI_{min}}{t} = 99.2 - \frac{100-75}{5.4} = 94.6$$

其余部件无病害。

步骤三：桥面系、上部结构及下部结构计算(表3.3-3)

桥面系上部结构及下部结构计算　　　　　表 3.3-3

部件名称	权重	部件得分	权重×部件得分
桥面铺装	$\dfrac{0.40}{0.4+0.25+0.1+0.1+0.05}\times 0.1+0.40=0.44$	100	44
伸缩装置	$\dfrac{0.25}{0.4+0.25+0.1+0.1+0.05}\times 0.1+0.25=0.28$	85	23.8
人行道	0	0	0
栏杆、护栏	$\dfrac{0.10}{0.4+0.25+0.1+0.1+0.05}\times 0.1+0.10=0.11$	100	11.0
排水系统	$\dfrac{0.10}{0.4+0.25+0.1+0.1+0.05}\times 0.1+0.10=0.11$	100	11.0
照明、标志	$\dfrac{0.05}{0.4+0.25+0.1+0.1+0.05}\times 0.1+0.05=0.06$	100	6.0
桥面系得分 = 44+23.8+11+11+6 = 95.8			
上部承重构件	0.70	91.2	63.8
上部一般构件	0.18	94.6	17.0
支座	0.12	100	12.0
上部结构得分 = 63.8+17+12 = 92.8			
翼墙、耳墙	0.02	100	2.0
锥坡、护坡	0.01	100	1.0
桥墩	0.30	100	30.0
桥台	0.30	100	30.0
墩台基础	0.28	100	28.0
河床	0.07	100	7.0
调治构造物	0.02	100	2.0
下部结构得分 = 100			
全桥总体得分 = 95.8×0.2+92.8×0.4+100×0.4 = 96.3			
技术状况等级:1 类			

同时,根据《评定标准》4.3 节的规定(5 类桥梁单项控制指标),该桥不符合 4.3.1 条的所有规定,不能采用单项控制指标来评定。

第4章　双曲拱桥技术状况评定

4.1　桥型简介

双曲拱桥是由江苏省无锡市建桥职工于1964年首创的一种拱桥。它具有造价低、材料省、桥型美观、跨径适应性大等优点，特别是开创了拱桥定型预制和装配化施工，使拱桥建设达到了全面的无支架施工，受到了公路、铁路、水利、城建等行业的青睐。据1978年统计，当时全国已建双曲拱桥四千多座，总长三十余万米。

双曲拱桥典型代表为建于1972年的湖南长沙湘江大桥（现称为橘子洲大桥），主桥长1156m，采用$(8\times76+9\times50)$m的跨径布置。目前资料显示双曲拱桥最大跨径为1969年建成的河南嵩县前河大桥，跨径达到150m。

1971年1月人民交通出版社出版了《双曲拱桥图集》，进一步促进了双曲拱桥在全国范围的推广应用。其中，收录了跨径从10~150m的双曲拱桥，横截面布置有单波、双波、多波和整体肋波多种形式，设计荷载包括了1956年《公路工程设计准则（修订草案）》和1967年《公路桥梁车辆荷载及净空标准暂行规定》的荷载标准。双曲拱桥的建设热潮一直持续到20世纪八九十年代，后期建设的部分桥梁拱肋截面尺寸、配筋率和横向联系设置均有提高，承载能力比早期有所提升。双曲拱桥典型构造见图4.1-1。

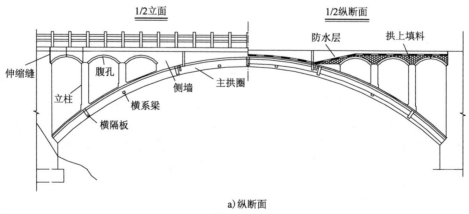

a) 纵断面

图 4.1-1

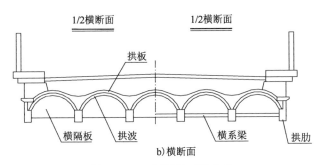

图 4.1-1 双曲拱桥各部位名称

4.2 排查要点

(1) 桥面板是否开裂、是否局部塌陷。

双曲拱桥桥面板包括梁式腹拱的桥面板和拱式腹拱的腹拱圈。腹拱圈因变形等原因易在拱顶产生裂缝(图 4.2-1),应注意跨径较大的边腹拱可能设置为三铰拱。

(2) 主拱圈是否严重开裂、锈蚀;桥面系是否渗水侵蚀拱圈结构。

由于主拱圈变形或拱顶弯矩的作用,拱肋在跨中区段易出现垂直于拱轴线方向的裂缝(图 4.2-2、图 4.2-3),一般是由拱肋截面下边缘向上延伸发展。拱肋因为雨水、渗水侵蚀,导致拱肋钢筋锈蚀截面损失(图 4.2-4)或渗透拱板(图 4.2-5),削弱拱圈横向整体受力性能。

图 4.2-1 腹拱圈开裂、渗水

图 4.2-2 拱肋竖向裂缝(一)

图 4.2-3 拱肋竖向裂缝(二)

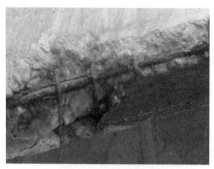 

图4.2-4 拱肋钢筋锈蚀　　　　图4.2-5 拱圈渗水侵蚀

(3)拱脚是否发生位移、转角,拱脚混凝土是否疏松、压裂。

由于拱脚发生水平位移、转角一般伴随主拱圈其他病害,如导致主拱圈下沉,可能引发拱肋开裂、肋与波分离等现象,严重影响桥梁安全。拱脚混凝土发生疏松、压裂(图4.2-6)问题,导致受力截面损失,严重时易引发垮塌事故。

(4)双曲拱桥拱波与拱肋结合处是否开裂、脱开、严重渗水。

拱波与拱肋之间出现平行于拱轴线的裂缝(图4.2-7),严重削弱主拱圈的整体性,对结构安全性影响极大。

图4.2-6 拱脚混凝土疏松、碎裂　　　　图4.2-7 拱波与拱肋结合处开裂

(5)横向联系有无变位、松动、脱落、断裂风险。

横隔板、横系梁或横向拉杆截面薄弱,易发生开裂(图4.2-8),严重的可能产生变位、脱落或断裂,横向联系失效(图4.2-9)会进一步导致拱波和拱板开裂,同时降低主拱圈的整体性。

(6)墩台、拱座是否有位移、倾斜、下沉。

墩台、拱座的位移(含竖向不均匀沉降和水平方向移动)和转动会造成上部结构产生附加内力,甚至会因过大的位移、转动而导致构件开裂。

第 4 章 双曲拱桥技术状况评定

图 4.2-8 横系梁开裂

图 4.2-9 横向联系失效

(7)结构整体有无松散、是否有异常振动或不明原因异响。

当拱肋间无横向联系或横向联系强度不足时,结构整体松散,行车时易产生异常振动或异响。

4.3 评定标准

双曲拱桥的技术状况评定在满足《公路桥梁技术状况评定标准》(JTG/T H21—2011)的基础上,尚应参考《技术要求》中的其他关于双曲拱桥的条款。

4.3.1 部件、构件划分及权重分配

(1)部件划分及权重分配(表 4.3-1)

双曲拱桥各部件权重值　　　　　　表 4.3-1

部　位	类别 i	评 价 部 件	权　重
上部结构	1	主拱圈	0.70
	2	拱上结构	0.20
	3	桥面板	0.10
下部结构	4	翼墙、耳墙	0.02
	5	锥坡、护坡	0.01
	6	桥墩	0.30
	7	桥台	0.30
	8	墩台基础	0.28
	9	河床	0.07
	10	调治构造物	0.02
桥面系	11	桥面铺装	0.40
	12	伸缩装置	0.25
	13	人行道	0.10

17

续上表

部　位	类别 i	评价部件	权　重
桥面系	14	栏杆、护栏	0.10
	15	排水系统	0.10
	16	照明、标志	0.05

（2）构件划分

①主拱圈的构件按拱肋、拱波、横向联系进行划分，肋波结合面病害计入拱肋。

②拱上结构的构件按立墙或立柱、腹拱圈和拱上侧墙划分。

4.3.2　上部结构评定指标及分级评定标准

（1）双曲拱桥主拱圈评定指标及分级评定标准。

①主拱圈、横向联系变形评定标准见表4.3-2。

主拱圈、横向联系变形　　　　表4.3-2

标度	评 定 标 准
	定性描述
1	完好
2	主拱圈无明显变形，或个别横向联系轻微松动、开裂，或横向联系出现轻微扭曲变形，拱肋各肋间变形趋于一致
3	边拱肋有轻微横移或外倾，或少部分横向联结拉杆松动、开裂，横向联系出现明显变形，但强度足够，拱肋变形比较均匀
4	拱圈存在明显的变形，拱顶下挠，变形过大，桥面竖向呈波形，或横向联系出现明显永久变形，横向联系产生损坏，横向稳定性弱，拱波出现较严重的纵向裂缝且裂缝大于限值
5	拱圈出现严重异常变形、开裂、拱顶下沉，变形过大；或受压构件有严重的横向扭曲变形；或横向联系强度严重不足甚至没有设置，横向联系产生严重损坏，横向稳定性严重不足，拱肋横桥向变形非常不均匀，拱波出现贯通纵向裂缝且裂缝大于限值，大量横向联系拉杆松动、断裂导致拱肋严重变形，不能正常行车

②渗水评定标准见表4.3-3。

渗　水　　　　表4.3-3

标度	评 定 标 准
	定性描述
1	完好
2	有轻微渗水现象
3	局部拱圈有明显渗水现象
4	多处拱圈都有明显渗水现象，渗水处伴有晶体析出或锈蚀现象，流膏处混凝土松散

③主拱圈裂缝评定标准见表4.3-4。

主拱圈裂缝 表4.3-4

标度	评定标准	
	定性描述	定量描述
1	完好,无裂缝	—
2	横向裂缝:有少量裂缝,缝宽未超限	横向裂缝:缝长≤截面尺寸的1/3
	拱波和拱肋结合部位的纵向裂缝:出现开裂,缝宽未超限	拱波和拱肋结合部位的纵向裂缝:缝长≤截面尺寸的1/3
	跨中截面肋波结合面的环向裂缝:出现少量开裂,缝宽未超限	跨中截面肋波结合面的环向裂缝:缝长≤截面尺寸的1/3
	拱波纵向裂缝:结合面开裂或有纵向裂缝,缝宽未超限	拱波纵向裂缝:缝长≤结合面长度或跨长的1/8
	横向联系构件裂缝:有少量裂缝,缝宽未超限	横向联系构件裂缝:缝长≤截面尺寸的1/3
3	横向裂缝:较多裂缝,缝宽未超限	横向裂缝:缝长>截面尺寸的1/3且≤2/3,间距≥30cm
	拱波和拱肋结合部位的纵向裂缝:结合部出现较多纵向裂缝	拱波和拱肋结合部位的纵向裂缝:缝长>截面尺寸的1/3且≤2/3,缝宽≤0.2mm
	跨中截面肋波结合面的环向裂缝:出现较多环向裂缝,缝宽未超限	跨中截面肋波结合面的环向裂缝:缝长>截面尺寸的1/3且≤1/2
	拱波纵向裂缝:较多纵向裂缝	拱波纵向裂缝:缝长>结合面长度或跨长的1/8且≤1/2,缝宽≤0.5mm
	横向联系构件裂缝:有较多裂缝,缝宽未超限	横向联系构件裂缝:缝长>截面尺寸的1/3且≤2/3,间距≥20cm
4	横向裂缝:重点部位缝宽超限	横向裂缝:缝长>截面尺寸的2/3,间距<30cm
	拱波和拱肋结合部位的纵向裂缝:接合部出现大量裂缝	拱波和拱肋结合部位的纵向裂缝:缝长>截面尺寸的2/3,部分缝宽>0.2mm
	跨中截面肋波结合面的环向裂缝:出现大量环向裂缝,缝宽超限	跨中截面肋波结合面的环向裂缝:长度>截面尺寸的1/2
	拱波纵向裂缝:出现大量纵向裂缝	拱波纵向裂缝:部分缝长>结合面长或跨长的1/2,缝宽>0.5mm
	横向联系构件裂缝:大量裂缝,缝宽超限	横向联系构件裂缝:缝长>截面尺寸的2/3,间距<20cm
5	控制截面出现大量结构性裂缝,裂缝大多贯通,且缝宽超限,主梁出现变形	—

④拱脚位移评定标准见表4.3-5。

拱 脚 位 移　　　　　　　　表4.3-5

标度	评 定 标 准
	定性描述
1	完好
2	—
3	—
4	拱脚出现水平、竖向位移和转角,位移小于限值
5	拱脚不稳定,出现严重错台、位移或转角,造成结构和桥面变形过大,严重影响结构安全

⑤蜂窝、麻面、剥落、掉角、空洞、孔洞等混凝土表观缺陷评定标准见表4.3-6。

混凝土表观缺陷评定标准　　　　　　　表4.3-6

标度	评 定 标 准	
	定性描述	定量描述
1	完好	—
2	较大面积蜂窝、麻面	累计面积≤构件面积的50%
	局部混凝土剥落、掉角	累计面积≤构件面积的5%,或单处面积≤0.5m²
	局部混凝土空洞、孔洞	
3	大面积蜂窝、麻面	累计面积>构件面积的50%
	较大范围混凝土剥落、掉角	累计面积>构件面积的5%且<构件面积的10%,或单处面积>0.5m²且<1.0m²
	较大范围混凝土空洞、孔洞	
4	大范围混凝土剥落、掉角	累计面积≥构件面积的10%,或单处面积≥1.0m²
	大范围混凝土空洞、孔洞	

(2)新增双曲拱桥立墙或立柱缺陷、腹拱圈缺陷及拱脚缺陷指标。

①双曲拱桥立墙或立柱缺陷见表4.3-7。

双曲拱桥立墙或立柱缺陷　　　　　　　表4.3-7

标度	评 定 标 准
	定性描述
1	完好
2	立墙或立柱轻微风化
3	立墙或立柱局部风化或渗水侵蚀
4	立墙竖向、斜向裂缝或渗水侵蚀严重,立柱渗水侵蚀严重、钢筋锈蚀
5	立墙横向裂缝、倾斜或局部砌块脱落、立柱倾斜、出现结构裂缝或大量钢筋锈胀

②双曲拱桥腹拱圈缺陷见表4.3-8。

双曲拱桥腹拱圈缺陷　　　　表4.3-8

标度	评定标准
	定性描述
1	完好
2	腹拱圈少量裂缝
3	腹拱圈较多裂缝,裂缝未超限
4	腹拱圈大量裂缝,裂缝超限
5	腹拱圈开裂严重,局部明显变形,有塌陷风险

③双曲拱桥拱脚缺陷见表4.3-9。

双曲拱桥拱脚缺陷　　　　表4.3-9

标度	评定标准
	定性描述
1	完好
2	轻微风化
3	局部渗水或水流腐蚀
4	严重侵蚀、局部截面减小或钢筋锈胀
5	拱脚压裂、截面损失过大,或发生位移、转角

④蜂窝、麻面、剥落、掉角、空洞、孔洞等混凝土表观缺陷评定标准见表4.3-6。

4.4　某(2×40m)双曲拱桥案例

4.4.1　工程概况

某双曲拱桥跨径组合为2×40.0m;桥面全宽为9.1m,桥宽组合为2×0.95m人行道+2×3.6m行车道(图4.4-1~图4.4-3)。

图4.4-1　桥梁立面

图4.4-2　桥梁桥面

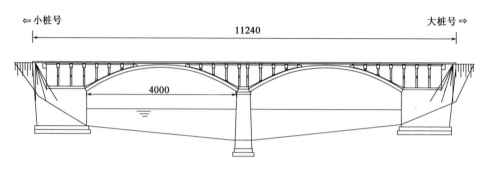

图 4.4-3 立面布置图(尺寸单位:cm)

上部结构为钢筋混凝土双曲拱桥,5 条拱肋;桥台采用石砌重力式桥台,扩大基础;桥墩为石砌重力式桥墩,扩大基础;桥面铺装采用沥青混凝土铺装,水泥混凝土护栏,未设置伸缩缝。

4.4.2 外观检查结果

1)桥面系典型病害

(1)桥面铺装有多条横向裂缝,横向贯通桥面(表 4.4-1)。

桥面铺装病害情况 表 4.4-1

序号	构件名称	病害位置	病害类型	病害特征	标度	照片编号
1	1号桥面铺装	0号桥台上方	横向裂缝	$L=9.0m$	2	图 4.4-4
2	2号桥面铺装	2号腹拱 2号立墙上方	横向裂缝	$L=9.0m$	2	图 4.4-5

图 4.4-4 桥面铺装横向裂缝(1)   图 4.4-5 桥面铺装横向裂缝(2)

(2)人行道板局部破损(表 4.4-2)。

人行道病害情况　　　　　　　　　　　　　　　　表 4.4-2

序号	构件名称	病害位置	病害类型	病害特征	标度	照片编号
1	L 人行道	1 号墩上方	破损	$S=0.5\times0.3(m^2)$	2	图 4.4-6
2	R 人行道	2 号桥台上方	破损	$S=0.4\times0.5(m^2)$	2	图 4.4-7

图 4.4-6　人行道板局部破损

图 4.4-7　人行道板局部破损

(3) 两侧栏杆混凝土轻微破损 (表 4.4-3)。

栏杆病害情况　　　　　　　　　　　　　　　　表 4.4-3

序号	构件名称	病害位置	病害类型	病害特征	标度	照片编号
1	L 栏杆	1 号墩上方	混凝土破损	$S=0.1\times0.1(m^2)$	2	—
2	R 栏杆	2 号桥台处	混凝土破损	$S=0.2\times0.1(m^2)$	2	—

(4) 全桥泄水孔轻微堵塞 (表 4.4-4)。

排水系统病害情况　　　　　　　　　　　　　　表 4.4-4

构件名称	病害位置	病害类型	病害特征	标度	照片编号
泄水孔	全桥	堵塞	轻微	2	—

2) 上部结构外观检测结果

(1) 拱肋与横隔板衔接处钢板严重锈蚀, 拱肋变形; 两侧拱肋外侧有渗水腐蚀现象; 拱肋局部混凝土剥落, 钢筋外露锈蚀 (表 4.4-5)。

拱肋病害情况　　　　　　　　　　　　　　　　表 4.4-5

序号	构件名称	病害位置	病害类型	病害特征	标度	照片编号
1	1-1 号拱肋	4 号横隔板与拱肋拼接处	钢板外露锈蚀	$S=0.5\times0.5(m^2)$	4	—
2	1-5 号拱肋	3/4 处	异常变形	—	4	图 4.4-8

续上表

序号	构件名称	病害位置	病害类型	病害特征	标度	照片编号
3	1-5号拱肋	3/4处	锈胀露筋	$S=0.3\times0.5(\mathrm{m}^2)$	2	—
4	2-1号拱肋	1/4~1处边肋外侧	渗水腐蚀	$S=0.5\times0.5(\mathrm{m}^2)$	3	—
5	2-1号拱肋	2号与3号横隔板间	渗水,钢筋外露锈蚀	$S=2.0\times0.5(\mathrm{m}^2)$	3	图4.4-9
6	2-2号拱肋	与6号横隔板连接处	剥落露筋	$S=0.2\times0.2(\mathrm{m}^2)$	2	—

图4.4-8 拱肋变形

图4.4-9 拱肋外侧渗水腐蚀

(2)拱波出现横向贯通裂缝,部分裂缝有渗水现象(表4.4-6)。

拱波病害情况　　　　表4.4-6

序号	构件名称	病害位置	病害类型	病害特征	标度	照片编号
1	2-1号拱波	6号与7号横隔板间	横向裂缝	$L=0.8\mathrm{m},D=0.3\mathrm{mm}$	3	图4.4-10
2	2-2号拱波	8号横隔板后方每1块微弯板	横向裂缝	$L=0.8\mathrm{m},D=0.3\mathrm{mm}$	3	图4.4-11

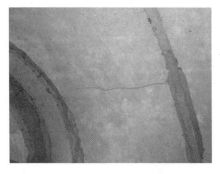

图4.4-10 拱波横向裂缝

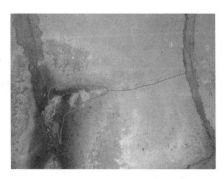

图4.4-11 拱波横向裂缝渗水

(3) 主拱圈横隔板在与拱肋衔接处有混凝土剥落,钢筋锈蚀现象;部分横隔板与拱肋横向连接薄弱(表 4.4-7)。

横隔板病害情况   表 4.4-7

序号	构件名称	病害位置	病害类型	病害特征	标度	照片编号
1	2-3-7 号横隔板	右侧 与拱肋衔接处	剥落露筋	$S = 0.2 \times 0.2 (m^2)$	2	图 4.4-12
2	2-1-2 号横隔板	与拱肋连接处	破损,横向连接薄弱	$S = 0.2 \times 0.2 (m^2)$	3	图 4.4-13

 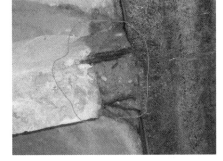

图 4.4-12 横隔板剥落露筋　　　　　图 4.4-13 横向连接薄弱

(4) 腹拱拱圈两侧轻微裂缝(表 4.4-8)。

腹拱病害情况   表 4.4-8

序号	构件名称	病害位置	病害类型	病害特征	标度	照片编号
1	1-1 号腹拱	拱顶	纵向裂缝	$L = 0.5m, D = 0.2mm$	3	图 4.4-14
2	1-4 号腹拱	拱顶	纵向裂缝	$L = 0.4m, D = 0.2mm$	3	图 4.4-15

图 4.4-14 腹拱纵向裂缝　　　　　图 4.4-15 腹拱纵向裂缝

(5) 部分腹拱立柱钢筋锈胀导致表层混凝土大面积剥落,粗集料外露,有效截面损失(表 4.4-9)。

腹拱立柱病害情况　　　　　　　　　　　　　　表4.4-9

序号	构件名称	病害位置	病害类型	病害特征	标度	照片编号
1	1-1号立柱	全部柱身	钢筋锈胀	截面损失70%	4	—
2	1-2号立柱	距底部0~1.8m	钢筋锈胀	截面损失70%	4	图4.4-16
3	1-3号立柱	全部柱身	钢筋锈胀	截面损失60%	4	图4.4-17
4	1-5号立柱	全部柱身	钢筋锈胀	截面损失70%	4	—
5	2-1号立柱	全部柱身	钢筋锈胀	截面损失60%	4	—
6	2-3号立柱	全部柱身	钢筋锈胀	截面损失60%	4	—
7	2-4号立柱	全部柱身	钢筋锈胀	截面损失60%	4	—
8	2-5号立柱	全部柱身	钢筋锈胀	截面损失50%	4	—
9	2-7号立柱	全部柱身	钢筋锈胀	截面损失50%	4	—

图4.4-16　腹拱立柱病害　　　　　　图4.4-17　腹拱立柱病害

3) 下部结构外观检测结果

(1) 桥台局部砌石破损、松散等，锥坡砌石松散、砌块缺损，桥墩混凝土破损 (表4.4-10)。

(2) 锥坡勾缝脱落，砌石松散。

桥台病害情况　　　　　　　　　　　　　　表4.4-10

序号	构件名称	病害位置	病害类型	病害特征	标度	照片编号
1	0号桥台	左侧顶部	砌石压裂	5块	3	图4.4-18
2	2号桥台	砌石加固处	砌石破损	2条	3	—
3	R0锥坡	中线处	砌石松散	$S=1.0\times2.0(m^2)$	2	图4.4-19
4	R1锥坡	靠近0号桥台左侧墙	砌块缺损	$S=2.0\times2.0(m^2)$	2	—
5	1号桥墩	中线处	混凝土破损	$S=1.0\times1.0(m^2)$	3	—

图 4.4-18 桥台砌石压裂

图 4.4-19 锥坡勾缝脱落、砌石松散

4.4.3 桥梁技术状况评定

桥梁部件权重重分配采用将缺失部件权重值按照既有部件权重在全部既有部件权重中所占比例进行分配的方法(表 4.4-11)。

桥梁部件权重重分配计算表　　　　表 4.4-11

部位	类别 i	名称	权重	重新分配后权重	构件数量	备注
上部结构	1	主拱圈	0.70	0.78	38	注1
	2	拱上结构	0.20	0.22	36	注2
	3	桥面板	0.10	0.00	—	—
下部结构	4	翼墙、耳墙	0.02	0.00	—	—
	5	锥坡、护坡	0.01	0.01	4	
	6	桥墩	0.30	0.31	1	
	7	桥台	0.30	0.31	2	
	8	墩台基础	0.28	0.29	3	
	9	河床	0.07	0.07	1	
	10	调治构造物	0.02	0.00	—	—
桥面系	11	桥面铺装	0.40	0.53	2	
	12	伸缩装置	0.25	0.00	—	—
	13	人行道	0.10	0.13	2	
	14	栏杆、护栏	0.10	0.13	2	
	15	排水系统	0.10	0.13	1	
	16	照明、标志	0.05	0.07	1	

注：1. 主拱圈：每孔拱肋数量为5个，拱波数量为4个，横隔板数量为10个，合计19个构件，全桥两孔共计38个。
　　2. 拱上结构：每孔腹拱数量为8个，腹拱立柱数量8个，侧墙数量为2个；每孔18个构件，全桥两孔共计36个。

桥梁技术状况评分表见表4.4-12。

桥梁技术状况评分表　　　　　表4.4-12

部位	类别 i	名称	构件数量	构件数量及得分		部件得分及等级	部位得分及等级	全桥得分及等级
上部结构	1	拱肋	10	1	40.0	30.1（5类）	39.9（5类）	59.0（4类）
				1	30.1			
				1	44.3			
				1	65.0			
				6	100.0			
		拱波	8	2	55.0			
				6	100.0			
		横向联系	20	1	65.0			
				1	55.0			
				18	100.0			
	2	腹拱	16	2	55.0	74.0（3类）		
				14	100.0			
		拱上侧墙	4	4	100.0			
		拱上立柱	16	9	40.0			
				7	100.0			
下部结构	3	桥台	2	2	55.0	50.5(4类)	70.3（3类）	
	4	桥墩	1	1	55.0	55.0(4类)		
	5	墩台基础	3	3	100.0	100(1类)		
	6	锥坡	4	2	100.0	84.9（2类）		
				2	75.0			
桥面系	7	河床	1	1	100.0	100.0(1类)	74.7（3类）	
	8	桥面铺装	2	2	75.0	72.5(3类)		
	9	人行道	2	2	75.0	72.5(3类)		
	10	栏杆、护栏	2	2	75.0	72.5(3类)		
	11	排水系统	1	1	75.0	75.0(3类)		
	12	照明、标志	1	1	100.0	100.0(1类)		

注：1. 本次评定中，混凝土表观缺陷类病害评定参照本指南表4.3-6执行。
　　2. 拱上立柱病害评定参照本指南表4.3-7执行。
　　3. 腹拱圈缺陷评定参照本指南表4.3-8执行。

4.4.4 结论

根据《公路桥梁技术状况评定标准》(JTG/T H21—2011)4.1.5 条的规定,该桥按分层综合评定法评定桥梁技术状况等级为 4 类。该桥无符合 5 类桥单项控制指标的情况。

最终桥梁技术状况评定等级为 4 类。

第5章 普通桁架拱桥技术状况评定

5.1 桥型简介

桁架拱桥也称为拱形桁架桥,根据其构造不同分为普通桁架桥和桁式组合拱桥两种。1966年7月在上海市金山区建成第一座桁架拱桥后,经过不断总结经验,逐步向定型化、系列化、预制化方向发展;1977年4月人民交通出版社出版了《钢筋混凝土桁架拱桥》,1982年4月江苏省水利厅整理汇编了《江苏省小型配套建筑物图集 第一分册:桁架拱桥》,进一步促进了桁架拱桥的发展。

钢筋混凝土普通桁架拱桥主要建设于20世纪七八十年代,常用跨径在50m以内,多用于荷载等级较低的农路桥梁。桁式组合拱桥一般为三跨布置,采用预应力结构,常用于100m以上的桥型,预应力混凝土桁架拱桥主要建设于20世纪80年代,1995年建于贵州省瓮安县的江界河大桥主跨达330m,至今仍为世界同类桥型跨径之最。

普通桁架拱桥一般采用分段预制拼装施工,常见立面布置有如下几种形式,图中标识出常见现浇拼装节点位置。

(1)三角形腹杆桁架拱(图5.1-1)。拱片腹杆根数少,杆件的总长度也最短,因此腹杆用料省,常用于跨径较小的结构。

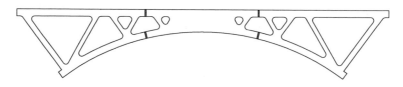

图5.1-1 三角形腹杆桁架拱

(2)带竖(腹)杆的三角形腹杆桁架拱(图5.1-2)。当跨径较大、矢高较高时,三角形体系的节间就会过大,不利于分布桥面荷载,因此增设竖杆、减少节间长度,成为带竖杆的三角形腹杆桁架拱。

(3)斜压杆式桁架拱(图5.1-3)。斜腹杆仅设置压杆的桁架拱桥,受力特点为斜杆受压,竖杆受拉。

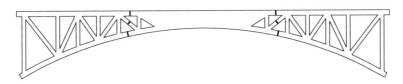

图 5.1-2 带竖(腹)杆的三角形腹杆桁架拱

图 5.1-3 斜压杆式桁架拱

(4)斜拉杆式桁架拱(图 5.1-4)。斜腹杆仅设置拉杆的桁架拱桥,受力特点为斜杆受拉,竖杆受压,拉杆可采用预应力混凝土。

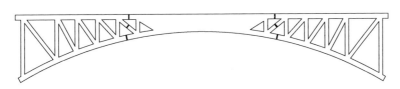

图 5.1-4 斜拉杆式桁架拱

(5)竖(腹)杆式桁架拱(图 5.1-5)。竖杆式桁架拱片外形整齐,节点构造简单,施工方便,但整体刚度相对较小,节点易开裂,常用于跨径较小的结构。

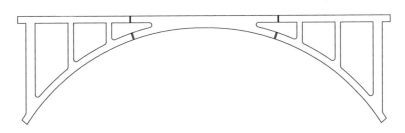

图 5.1-5 竖(腹)杆式桁架拱

普通桁架拱桥的典型构造见图 5.1-6。

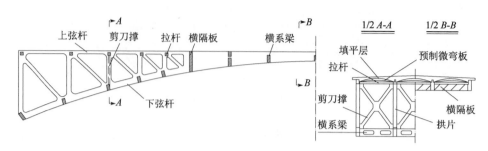

图 5.1-6　普通桁架拱桥各部位名称

5.2　排查要点

(1) 桥面板是否开裂、是否局部塌陷。

普通桁架拱桥多采用微弯板或肋腋板为桥面板。由于早期设计荷载及施工工艺等原因，随着通行荷载增加，桥面板易开裂、松动，严重的会发生桥面塌陷。

(2) 主拱圈是否严重开裂、锈蚀，桥面系是否渗水侵蚀拱圈结构。

普通桁架拱桥拱片受渗水侵蚀，易发生钢筋锈蚀和混凝土剥落（图 5.2-1、图 5.2-2）；上弦杆由于同时承受弯矩，易产生竖向裂缝；上弦杆端部搭接于桥台上，拱圈、墩台发生变形时弦杆支撑处可能产生剪切裂缝或发生断裂。

图 5.2-1　主拱圈严重开裂

图 5.2-2　主拱圈开裂锈蚀

(3) 拱脚是否发生位移、转角，拱脚混凝土是否疏松、压裂。

下弦杆末端拱脚处嵌入拱座榫槽中，由于墩台基础不均匀沉降及位移，可能引起位移或转角。拱脚局部承压易产生混凝土疏松、压裂。

(4) 桁架拱桥主要节点是否开裂。

桁架拱桥节点处于弦杆和腹杆衔接的位置，应力复杂，易产生开裂（图 5.2-3、图 5.2-4），特别是部分桁架结构拉杆采用预应力结构，节点处裂缝应格外关注。

图 5.2-3　节点开裂(1)　　　　　图 5.2-4　节点开裂(2)

(5)现浇拼装段或拱脚处混凝土是否疏松、压裂。

桁架结构一般采用分段预制拼装施工,现浇拼装节点采用钢板连接或现浇混凝土连接,检查时应予以关注。

(6)横向联系有无变位、松动、脱落、断裂风险。

桁架拱桥横向联系有剪刀撑、横隔板、横系梁等类型,横向联系开裂(图 5.2-5、图 5.2-6)、失效会降低拱片间整体受力性能。

图 5.2-5　横向联系剥落露筋(1)　　　　图 5.2-6　横向联系剥落露筋(2)

(7)墩台、拱座是否有位移、倾斜、下沉。

早期设计理论认为,桁架拱桥拱片整体受力,可承受变形较大,适用于软弱地基,随着桥梁跨径增大及通行荷载大幅度增加,对地基提出更高的要求。墩台、拱座的位移和转动,轻微的会造成上部结构产生附加内力,严重的可能会导致拱圈整体塌落(图 5.2-7)。

(8)结构整体有无松散、是否有异常振动或不明原因异响。

当拱肋间无横向联系或横向联系强度不足时,结构整体松散,行车时易产生异常振动或异响。

图 5.2-7　墩台位移导致拱圈塌落

5.3　评定标准

普通桁架拱桥的技术状况评定在满足《公路桥梁技术状况评定标准》(JTG H21—2011)的基础上,尚应参考《技术要求》中的其他关于普通桁架拱的条款。

5.3.1　部件、构件划分及权重分配

1) 部件划分及权重分配(表 5.3-1)

桁架拱桥各部件权重值　　　　　表 5.3-1

部　位	类别 i	评价部件	权　重
上部结构	1	桁架拱片	0.50
	2	横向联系	0.25
	3	桥面板	0.25
下部结构	4	翼墙、耳墙	0.02
	5	锥坡、护坡	0.01
	6	桥墩	0.30
	7	桥台	0.30
	8	墩台基础	0.28
	9	河床	0.07
	10	调治构造物	0.02

续上表

部 位	类别 i	评价部件	权 重
桥面系	11	桥面铺装	0.40
	12	伸缩装置	0.25
	13	人行道	0.10
	14	栏杆、护栏	0.10
	15	排水系统	0.10
	16	照明、标志	0.05

2）构件划分

桁架拱桥在构件数量统计时，每片拱肋作为一个构件考虑，每跨两片拱肋间的桥面板作为一个构件考虑。

5.3.2 桁架拱桥上部结构评定指标及分级评定标准

（1）桁架拱片及微弯板的评定指标及分级评定标准。

①构件变形评定标准见表5.3-2。

构件变形 表5.3-2

标度	评定标准
	定性描述
1	完好
2	—
3	个别次要构件出现弯曲变形，行车稍感振动或摇晃
4	个别主要构件出现异常弯曲变形，行车振动或摇晃明显或有异常音
5	较多主要构件出现严重变形或开裂，显著影响承载力，结构振动或摇晃显著，有不正常移动

②拱片连接处混凝土断裂评定标准见表5.3-3。

拱片连接处混凝土断裂 表5.3-3

标度	评定标准
	定性描述
1	完好
2	—
3	少量拱片连接处混凝土出现轻微碎裂
4	大量拱片连接处混凝土出现大面积碎裂
5	大量拱片连接处混凝土出现完全碎裂，拱圈严重变形，显著影响承载力

③上弦杆缺陷评定标准见表5.3-4。

上 弦 杆 缺 陷   表5.3-4

标度	评 定 标 准
	定性描述
1	完好
2	个别上弦杆出现拉裂现象
3	部分位置上弦杆与行车道板出现脱空现象
4	较多位置上弦杆与行车道板脱空,拱圈或桥面板有变形现象
5	几乎所有位置上弦杆与行车道板脱空,拱圈或桥面板严重变形,甚至桥面板出现严重塌陷

④裂缝评定标准见表5.3-5。

裂　　缝   表5.3-5

标度	评 定 标 准	
	定性描述	定量描述
1	完好,无裂缝	—
2	竖向裂缝:有少量裂缝,缝宽未超限	竖向裂缝:缝长≤截面尺寸的1/3
	纵向开裂:少量出现开裂,缝宽未超限	纵向开裂:缝长≤截面尺寸的1/3
	连接处裂缝:有少量杆件连接处出现开裂,缝宽未超限	连接处裂缝:缝长≤截面尺寸的1/3
	横向裂缝:有少量裂缝,缝宽未超限	横向裂缝:缝长≤截面尺寸的1/3
	实腹段斜裂缝:有少量裂缝,缝宽未超限	实腹段斜裂缝:缝长≤截面尺寸的1/3
3	竖向裂缝:较多裂缝,缝宽未超限	竖向裂缝:缝长>截面尺寸的1/3且≤1/2,间距≥30cm
	纵向开裂:接合部出现较多纵向裂缝,缝宽未超限	纵向开裂:缝长>截面尺寸的1/3且≤2/3
	连接处裂缝:有少量杆件连接处出现开裂,缝宽未超限	连接处裂缝:缝长>截面尺寸的1/3且≤1/2
	横向裂缝:较多裂缝,缝宽未超限	横向裂缝:缝长>截面尺寸的1/2且≤2/3,间距≥20cm
	实腹段斜裂缝:较多裂缝,缝宽未超限	实腹段斜裂缝:缝长>截面尺寸的1/3且≤1/2

续上表

标度	评定标准	
	定性描述	定量描述
4	竖向裂缝:大量裂缝,缝宽超限	竖向裂缝:缝长>截面尺寸的1/2,间距<30cm
	纵向开裂:接合部出现大量裂缝,缝宽超限	纵向开裂:缝长>截面尺寸的2/3
	连接处裂缝:有大量杆件连接处出现开裂,缝宽超限	连接处裂缝:缝长>截面尺寸的1/2
	横向裂缝:大量裂缝,缝宽超限	横向裂缝:缝长>截面尺寸的2/3,间距<20cm
	实腹段斜裂缝:大量裂缝,缝宽超限	实腹段斜裂缝:缝长>截面尺寸的1/2
5	控制截面出现大量结构性裂缝,裂缝大多贯通,且缝宽超限,主梁出现变形	缝宽>1.0mm,间距<10cm

⑤微弯板穿孔、塌陷、露筋评定标准见表5.3-6。

微弯板穿孔、塌陷、露筋 表5.3-6

标度	评定标准
	定性描述
1	完好
2	微弯板出现极个别露筋、穿孔
3	微弯板出现较多露筋、穿孔现象
4	微弯板出现大量露筋、穿孔,出现少量塌陷现象
5	微弯板严重塌陷,不能正常行车并造成严重安全隐患

⑥拱脚位移评定标准见表5.3-7。

拱脚位移 表5.3-7

标度	评定标准
	定性描述
1	完好
2	—
3	—
4	拱脚出现水平、竖向位移和转角,位移小于限值
5	拱脚不稳定,出现严重错台、位移或转角,造成结构和桥面变形过大,严重影响结构安全

⑦蜂窝、麻面、剥落、掉角、空洞、孔洞等混凝土表观缺陷评定标准见表5.3-8。

混凝土表观缺陷评定标准　　　　　表5.3-8

标度	评定标准	
	定性描述	定量描述
1	完好	—
2	较大面积蜂窝、麻面	累计面积≤构件面积的50%
	局部混凝土剥落、掉角	累计面积≤构件面积的5%，或单处面积≤0.5m²
	局部混凝土空洞、孔洞	
3	大面积蜂窝、麻面	累计面积>构件面积的50%
	较大范围混凝土剥落、掉角	累计面积>构件面积的5%且<构件面积的10%，或单处面积>0.5m²且<1.0m²
	较大范围混凝土空洞、孔洞	
4	大范围混凝土剥落、掉角	累计面积≥构件面积的10%，或单处面积≥1.0m²
	大范围混凝土空洞、孔洞	

（2）桁架拱桥的横向联系评定指标及分级评定标准。

①变形评定标准见表5.3-9。

变　形　　　　　表5.3-9

标度	评定标准
	定性描述
1	完好
2	—
3	出现轻微变形现象，变形小于限值
4	明显永久变形，变形过大，造成桁架拱片产生较严重破坏
5	明显变形异常，桁架拱片严重变形过大，拱片失稳，产生严重破坏，或者造成桥面板严重塌落

②裂缝评定标准见表5.3-10。

裂　缝　　　　　表5.3-10

标度	评定标准	
	定性描述	定量描述
1	完好	—
2	有少量裂缝，缝宽未超限	缝长≤截面尺寸的1/3，间距>30cm
3	裂缝较多，缝宽未超限	缝长>截面尺寸的1/3且≤2/3，间距>20cm
4	有大量裂缝且缝宽超限	缝长>截面尺寸的2/3，间距<20cm

③混凝土压碎评定标准见表5.3-11。

混凝土压碎　　　　　　　　　　　　　表5.3-11

标度	评定标准
	定性描述
1	完好
2	混凝土局部裂纹、剥离、掉角
3	混凝土出现酥裂
4	混凝土部分压碎,非关键杆件有失稳隐患
5	关键部位混凝土压碎或杆件失稳,造成桥面板严重塌陷

④蜂窝、麻面、剥落、掉角、空洞、孔洞等混凝土表观缺陷评定标准见表5.3-8。

（3）对技术状况评定的补充(桁架拱桥)。

①裂缝按照表5.3-5评定时,每片拱肋作为一个构件考虑,上弦杆、腹杆、下弦杆、节点分别按照不同病害参与计算,表5.3-5中连接处是指节点位置。

②增加桁架拱桥拱脚评定指标,评定标准见表5.3-12。

③增加桁架拱桥现浇拼装节点评定指标,评定标准见表5.3-13。

桁架拱桥拱脚缺陷　　　　　　　　　　表5.3-12

标度	评定标准
	定性描述
1	完好
2	轻微风化
3	拱脚局部裂缝或锈胀
4	拱脚压裂或榫槽破损
5	拱脚轻微位移,或有碎裂滑脱风险

桁架拱桥现浇拼装节点缺陷　　　　　　表5.3-13

标度	评定标准
	定性描述
1	完好
2	轻微风化
3	混凝土疏松、强度不足
4	混凝土表层剥落、截面无明显损失
5	混凝土剥落导致截面损失大于10%

5.4 某乡道(1×43.0m)桁架拱桥案例

5.4.1 桥梁概况

某乡道上一钢筋混凝土桁架拱桥(图5.4-1、图5.4-2),桥梁全长60.0m,跨径布置为1×43.0m;桥面全宽5.2m,桥宽组合为0.2m+4.8m+0.2m。

图5.4-1 桥梁立面照片　　　　　图5.4-2 桥梁正面照片

桥面系采用水泥混凝土桥面铺装,采用钢-混凝土栏杆。上部结构采用钢筋混凝土桁架拱。下部结构采用U形桥台,扩大基础。设计荷载为汽车-15级,通车时间为2003年12月。

5.4.2 检查结果

1)桥面系典型病害

(1)桥面铺装存在多条横向裂缝,横向贯通桥面(表5.4-1)。

桥面铺装病害情况　　　　表5.4-1

构件名称	病害位置	病害类型	病害特征	标度	照片编号
1号桥面铺装	0号桥台至跨中	横向裂缝	共3条,每条$L=5.0$m	2	图5.4-3、图5.4-4

(2)栏杆、护栏未发现明显病害。

2)上部结构典型病害

桁架拱片腹杆及上下弦杆编号如图5.4-5所示,桁架拱片病害分布如图5.4-6所示。

(1)桁架拱片上下弦杆、腹杆、节点、拱脚等位置多处开裂,8号腹杆有空洞露筋(表5.4-2)。

图 5.4-3　桥面铺装横向开裂(1)　　　图 5.4-4　桥面铺装横向开裂(2)

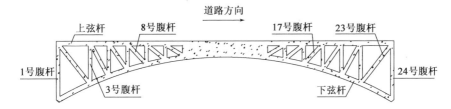

图 5.4-5　桁架拱片腹杆及上下弦杆编号示意图

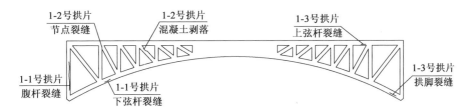

图 5.4-6　桁架拱片病害分布示意图

桁架拱片病害记录表　　表 5.4-2

序号	构件名称	构件编号	病害位置	病害类型	病害特征	标度	照片编号
1	拱片	1-1	下弦杆距 0 号台 7.0m	裂缝	纵向开裂，$L=0.3$m、$D=0.25$mm	2	图 5.4-7
2	拱片	1-1	1 号腹杆	裂缝	竖向开裂，$L=0.4$m、$D=0.2$mm	2	图 5.4-8
3	拱片	1-2	3 号腹杆顶部节点	裂缝	竖向开裂，$L=0.2$m、$D=0.2$mm	2	图 5.4-9
4	拱片	1-2	8 号腹杆	空洞、孔洞	空洞露筋，$S=0.4\times0.4$（m²）	2	图 5.4-10

续上表

序号	构件名称	构件编号	病害位置	病害类型	病害特征	标度	照片编号
5	拱片	1-3	距1号台6m上弦杆底部	裂缝	纵向开裂，$L=0.6m$、$D=0.25mm$	2	图5.4-11
6	拱片	1-3	1号台拱脚处	裂缝	斜向开裂，$L=0.5m$、$D=0.25mm$	3	图5.4-12

图5.4-7　1-1号拱片下弦杆裂缝

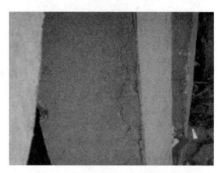

图5.4-8　1-1号拱片1号腹杆裂缝

图5.4-9　1-2号拱片节点裂缝

图5.4-10　1-2号拱片腹杆剥落

图5.4-11　1-3号拱片上弦杆裂缝

图5.4-12　1-3号拱片拱脚裂缝

(2)横向联系混凝土多处锈胀露筋或裂缝(表5.4-3)。

横向联系混凝土病害记录表　　　　表5.4-3

序号	构件名称	构件编号	病害位置	病害类型	病害特征	标度	照片编号
1	横向联系混凝土	1-1	3号剪刀撑	裂缝	竖向开裂,$L=0.2m$、$D=0.2mm$	3	图5.4-13
2	横向联系混凝土	1-1	4号横隔梁	剥落	锈胀露筋,$S=0.2\times0.2(m^2)$	2	图5.4-14
3	横向联系混凝土	1-2	2号横隔梁	剥落	锈胀露筋,$S=1.0\times0.5(m^2)$	2	图5.4-15
4	横向联系混凝土	1-2	12号横隔梁	剥落	锈胀露筋,$S=1.0\times0.2(m^2)$	2	图5.4-16

图5.4-13　1-1号横向联系混凝土3号剪刀撑裂缝　　图5.4-14　1-1号横向联系混凝土4号横隔板剥落

图5.4-15　1-2号横向联系混凝土2号横隔板剥落　　图5.4-16　1-2号横向联系混凝土12号横隔板剥落

(3)桥面板:多处微弯板出现纵向开裂(表5.4-4)。

桥面板病害记录表　　　　表5.4-4

序号	构件名称	构件编号	病害位置	病害类型	病害特征	标度	照片编号
1	微弯板	1-1	距0号台5.0m	裂缝	纵向开裂,$L=0.3m$、$D=0.2mm$	2	图5.4-17
2	微弯板	1-2	距0号台8.0m	裂缝	纵向开裂,$L=0.3m$、$D=0.2mm$	2	图5.4-18

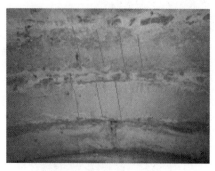 

图 5.4-17　1-1 号微弯板裂缝　　　　　图 5.4-18　1-2 号微弯板裂缝

3) 下部结构典型病害

桥台、墩台基础、河床未发现明显病害。

5.4.3　技术状况评定

桥梁部件权重重分配采用将缺失部件权重值按照既有部件权重在全部既有部件权重中所占比例进行分配的方法，分配权重、构件数量见表5.4-5。

桥梁部件权重重分配计算表　　　　　　　　　　表 5.4-5

部位	类别 i	桥梁部件	权重	重新分配后权重	构件数量	备注
上部结构	1	桁架拱片	0.50	0.50	3	注1
	2	横向联系	0.25	0.25	2	注2
	3	桥面板	0.25	0.25	2	注3
下部结构	4	翼墙、耳墙	0.02	0.00	0	—
	5	锥坡、护坡	0.01	0.00	0	—
	6	桥墩	0.30	0.00	0	—
	7	桥台	0.30	0.46	2	—
	8	墩台基础	0.28	0.43	2	注4
	9	河床	0.07	0.11	1	—
	10	调治构造物	0.02	0.00	0	—
桥面系	11	桥面铺装	0.40	0.73	1	—
	12	伸缩装置	0.25	0.00	0	—
	13	人行道	0.10	0.00	0	—
	14	栏杆、护栏	0.10	0.18	2	—

续上表

部位	类别i	桥梁部件	权重	重新分配后权重	构件数量	备注
桥面系	15	排水系统	0.10	0.00	0	—
	16	照明、标志	0.05	0.09	1	—

注：1. 桁架拱片：3道拱肋。
2. 横向联系：每跨两片拱肋间的横向联系作为一个构件考虑，数量为2。
3. 桥面板：每跨两片拱肋间的桥面板作为一个构件考虑，数量为2。
4. 墩台基础：两侧拱座基础。

桥梁技术状况评分见表5.4-6。

桥梁技术状况评分表　　　　表5.4-6

部位	类别i	名称	构件数量	构件数量及得分		部件得分及等级	部位得分及等级	全桥得分及等级
上部结构	1	桁架拱片	3	1个	48.9	41.9 (4类)	50.6 (4类)	74.8 (3类)
				1个	53.4			
				1个	41.4			
	2	横向联系	2	1个	49.4	57.1 (4类)		
				1个	75.0			
	3	桥面板	2	2个	65.0	61.5 (3类)		
下部结构	4	桥台	2	全部	100.0	100.0 (1类)	100.0 (1类)	
	5	墩台基础	2	全部	100.0	100.0 (1类)		
	6	河床	1	全部	100.0	100.0 (1类)		
桥面系	7	桥面铺装	1	全部	75.0	75.0 (3类)	72.8 (3类)	
	8	栏杆、护栏	2	全部	100.0	100.0 (1类)		
	9	照明、标志	1	全部	0.0	0.0 (5类)		

注：1. 桁架拱片拼装节点和拱脚处存在病害，根据5.3.2小结的要求，作为单独的病害叠加对桁架拱片进行评分。
2. 拱脚缺陷评定标准按照表5.3-12执行。

5.4.4 结论

根据《公路桥梁技术状况评定标准》(JTG/T H21—2011) 4.1.5 条的规定,按分层综合评定法评定桥梁技术状况等级为 3 类。该桥无符合 5 类桥单项控制指标的情况。最终桥梁技术状况评定等级为 3 类。

第6章 刚架拱桥技术状况评定

6.1 桥型简介

刚架拱桥是在双曲拱桥、桁架拱桥和斜腿刚架桥的基础上改进成型的一种轻型拱桥,由交通部公路科学研究所和湖南省交通规划勘察设计院联合攻关而成,承载能力和跨越能力得到了有效提升。

自1983年10月发布《钢筋混凝土刚架拱桥定型设计图》以来,刚架拱桥在全国范围内得到了广泛的应用,特别是在20世纪八九十年代兴建了大量刚架拱桥。典型代表包括:广西壮族自治区百色建于1994年的澄碧湖大桥(2017年因高速公路出口改建拆除);江苏无锡建于1987年的金匮桥(跨径达到100m,2010年因京杭大运河通航能力提升而拆除);广东清远建于1985年的北江大桥和建于1995年的新北江桥(现称清远大桥),民间称为姐妹桥,是城市中一道靓丽的风景。

刚架拱桥常见跨径为25m、30m、35m、40m、45m、50m和60m,常用设计荷载为1975年《公路桥涵设计规范(试行)》的汽-15级、汽-20级和汽-超20级。刚架拱桥典型构造见图6.1-1。

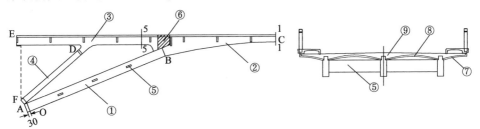

图6.1-1 刚架拱桥各部位名称

①-拱腿(主拱腿);②-实腹段;③-弦杆(次梁);④-斜撑(次拱腿);⑤-横系梁;⑥-现浇混凝土接头;⑦-悬臂板;⑧-微弯板或肋腋板;⑨-现浇混凝土填平层及桥面铺装层;A-拱腿支座;B-大节点;C-拱顶;D-小节点;E-弦杆支座;F-斜撑支座

6.2 排查要点

(1)桥面板是否开裂、是否局部塌陷。

刚架拱桥多采用微弯板或肋腋板作为桥面板,易开裂、松动,严重的会发生桥面塌陷。

（2）主拱圈是否严重开裂、锈蚀，桥面系是否渗水侵蚀拱圈结构。

刚架拱桥拱片受渗水侵蚀，易发生钢筋锈蚀和混凝土剥落（图6.2-1、图6.2-2）；上弦杆（次梁）由于承受弯矩，易产生竖向裂缝；上弦杆端部搭接于桥台上，一般设有支座，支座老化或脱落易引起弦杆裂缝或次拱腿应力过大。

图6.2-1　渗水侵蚀引起开裂　　　　　图6.2-2　主拱圈严重开裂、锈蚀

（3）拱脚是否发生位移、转角，拱脚混凝土是否疏松、压裂。

主拱腿、次拱腿的拱脚处嵌入拱座榫槽中，由于主拱圈变形或墩台基础不均匀沉降及位移，导致拱脚局部承压产生混凝土疏松、压裂（图6.2-3、图6.2-4）。

图6.2-3　主拱腿混凝土侵蚀　　　　　图6.2-4　主拱腿钢筋锈蚀、开裂

（4）刚架拱桥主要节点是否开裂。

刚架拱桥主拱腿和实腹段衔接处称为大节点，次拱腿和弦杆衔接处称为小节点，应力复杂，易产生开裂（图6.2-5、图6.2-6）。

（5）现浇拼装段和拱脚处混凝土是否疏松、压裂。

刚架结构一般采用预制拼装施工，现浇拼装节点一般位于大节点处和次拱腿上部（图6.2-7），采用钢板连接或现浇混凝土连接，检查时应予以关注。

第 6 章 刚架拱桥技术状况评定

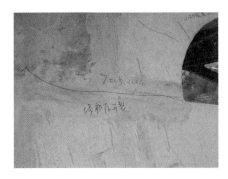
图 6.2-5 节点开裂(1)

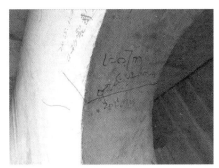
图 6.2-6 节点开裂(2)

图 6.2-7 现浇拼装段压溃

(6)横向联系有无变位、松动、脱落、断裂风险。

刚架拱桥横向联系有横隔板、横系梁等类型,横向联系开裂(图 6.2-8、图 6.2-9)、失效会降低拱片间整体受力性能。

图 6.2-8 横向联系剥落露筋、有断裂风险

图 6.2-9 横向联系混凝土剥落、松动

(7)墩台、拱座是否有位移、倾斜、下沉。

墩台、拱座的位移和转动轻微的会造成上部结构产生附加内力,严重的可能会导致桥梁整体垮塌。

(8)结构整体有无松散、是否有异常振动或不明原因异响。当拱肋间无横向联系或横向联系强度不足时,结构整体性差,行车时易产生异常振动或异响。

6.3 评定标准

刚架拱桥的技术状况评定在满足《公路桥梁技术状况评定标准》(JTG H21—2011)的基础上,尚应参考《技术要求》中的其他关于刚架拱桥的条款。

6.3.1 部件、构件划分及权重分配

(1)部件划分及权重分配(表6.3-1)。

刚架拱桥各部件权重值　　　　表6.3-1

部位	类别i	评价部件	权重
上部结构	1	刚架拱片	0.50
	2	横向联系	0.25
	3	桥面板	0.25
下部结构	4	翼墙、耳墙	0.02
	5	锥坡、护坡	0.01
	6	桥墩	0.30
	7	桥台	0.30
	8	墩台基础	0.28
	9	河床	0.07
	10	调治构造物	0.02
桥面系	11	桥面铺装	0.40
	12	伸缩装置	0.25
	13	人行道	0.10
	14	栏杆、护栏	0.10
	15	排水系统	0.10
	16	照明、标志	0.05

(2)构件划分。

①刚架拱片构件划分时每个拱片作为一个构件考虑。

②桥面板(微弯板、肋腋板等)构件划分时,每跨两个拱片间的桥面板作为

一个构件考虑。

6.3.2 上部结构评定指标及分级评定标准

(1)刚架拱桥的刚架拱片以及微弯板评定指标及分级评定标准。

①跨中挠度评定标准见表6.3-2。

跨 中 挠 度　　　　　　　表6.3-2

标度	评 定 标 准	
	定性描述	定量描述
1	完好	—
2	—	—
3	跨中下挠,拱轴线偏离	跨中最大挠度≤计算跨径的1/1000
4	下挠较严重,拱轴线偏离	跨中最大挠度>计算跨径的1/1000且≤1/800
5	下挠严重,拱圈严重变形、开裂,拱轴线严重偏离,变形随时间发展迅速,影响结构安全	跨中最大挠度>计算跨径的1/800

②横系梁与拱片联结松动、开裂评定标准见表6.3-3。

横系梁与拱片联结松动、开裂　　　　　　　表6.3-3

标度	评 定 标 准
	定性描述
1	完好
2	个别横系梁与拱片联结松动、开裂
3	横系梁与拱片联结松动、开裂,个别横系梁出现竖向开裂
4	横系梁与拱片联结松动、开裂导致拱片变形、位移大于限值,同时横系梁出现脱落现象
5	横系梁与拱片联结严重松动、开裂,拱片出现严重变形、位移,甚至导致桥面严重塌陷或沉降

③微弯板穿孔、塌陷、露筋评定标准见表6.3-4。

微弯板穿孔、塌陷、露筋　　　　　　　表6.3-4

标度	评 定 标 准
	定性描述
1	完好
2	微弯板出现极个别露筋、穿孔
3	微弯板出现较多露筋、穿孔现象
4	微弯板出现大量露筋、穿孔,出现少量塌陷现象
5	微弯板严重塌陷,不能正常行车并造成严重安全隐患

④裂缝评定标准见表6.3-5。

裂 缝 表6.3-5

标度	评定标准	
	定性描述	定量描述
1	完好,无裂缝	—
2	竖向裂缝:有少量裂缝,缝宽未超限	竖向裂缝:缝长≤截面尺寸的1/3
	微弯板或肋腋板纵向开裂:出现开裂,缝宽未超限	微弯板或肋腋板纵向开裂:缝长≤截面尺寸的1/8
	横向裂缝:有少量裂缝,缝宽未超限	横向裂缝:缝长≤截面尺寸的1/3
	实腹段、拱腿斜裂缝:有少量裂缝,缝宽未超限	实腹段、拱腿斜裂缝:缝长≤截面尺寸的1/3
3	竖向裂缝:较多缝宽未超限	竖向裂缝:缝长>截面尺寸的1/3且≤1/2,间距≥30cm
	微弯板或肋腋板纵向开裂:结合部出现较多纵向裂缝,缝宽未超限	微弯板或肋腋板纵向开裂:长度>截面尺寸的1/8且≤1/3
	横向裂缝:较多裂缝,缝宽未超限	横向裂缝:缝长>截面尺寸的1/3且≤2/3,间距≥20cm
	实腹段、拱腿斜裂缝:较多裂缝,缝宽未超限	实腹段、拱腿斜裂缝:缝长>截面尺寸的1/3且≤1/2
4	竖向裂缝:大量裂缝,缝宽超限	竖向裂缝:缝长>截面尺寸的1/2,间距<30cm
	微弯板或肋腋板纵向开裂:接合部出现大量裂缝,缝宽超限	微弯板或肋腋板纵向开裂:缝长>截面尺寸的1/3
	横向裂缝:大量裂缝,缝宽超限值	横向裂缝:缝长>截面尺寸的2/3,间距<20cm
	实腹段、拱腿斜裂缝:缝宽超限值	实腹段、拱腿斜裂缝:缝长>截面尺寸的1/2
5	控制截面出现大量结构性裂缝,裂缝大多贯通,且缝宽超限,主梁出现变形	缝宽>1.0mm,间距<10cm

⑤拱脚缺陷评定标准见表6.3-6。

刚架拱桥拱脚缺陷　　　　　表6.3-6

标度	评定标准
	定性描述
1	完好
2	轻微风化
3	拱脚局部压裂
4	拱脚榫槽处混凝土挤压开裂或混凝土疏松
5	拱脚压裂或榫槽破损,拱脚有碎裂或滑脱风险

⑥弦杆缺陷评定标准见表6.3-7。

刚架拱桥弦杆缺陷　　　　　表6.3-7

标度	评定标准
	定性描述
1	完好
2	大节点处开裂
3	节段中部受弯裂缝,或小节点处负弯矩裂缝
4	端部混凝土侵蚀风化严重,或支座压缩变形严重
5	端部混凝土截面损失、支座脱落或支撑变位

⑦现浇拼装节点缺陷评定标准见表6.3-8。

刚架拱桥现浇拼装节点缺陷　　　　　表6.3-8

标度	评定标准
	定性描述
1	完好
2	轻微风化
3	混凝土疏松、强度不足
4	混凝土表层剥落、截面无明显损失
5	混凝土剥落导致截面损失大于10%

⑧蜂窝、麻面、剥落、掉角、空洞、孔洞等混凝土表观缺陷评定指标,评定标准见表6.3-9。

混凝土表观缺陷评定标准　　　　　　　　　　　　　　　　表 6.3-9

标度	评定标准	
	定性描述	定量描述
1	完好	—
2	较大面积蜂窝、麻面	累计面积≤构件面积的 50%
	局部混凝土剥落、掉角	累计面积≤构件面积的 5%，或单处面积≤ 0.5m²
	局部混凝土空洞、孔洞	
3	大面积蜂窝、麻面	累计面积>构件面积的 50%
	较大范围混凝土剥落、掉角	累计面积>构件面积的 5% 且<构件面积的 10%，或单处面积>0.5m² 且<1.0m²
	较大范围混凝土空洞、孔洞	
4	大范围混凝土剥落、掉角	累计面积≥构件面积的 10%，或单处面积≥ 1.0m²
	大范围混凝土空洞、孔洞	

（2）刚架拱桥横向联系评定指标及分级评定标准。

①混凝土压碎评定标准见表 6.3-10。

混凝土压碎　　　　　　　　　　　　　　　　　　　　　表 6.3-10

标度	评定标准
	定性描述
1	完好
2	混凝土局部裂纹、剥离、掉角
3	混凝土出现酥裂
4	混凝土部分压碎，非关键杆件有失稳隐患
5	关键部位混凝土压碎或杆件失稳，造成桥面板严重塌陷

②连接部钢板锈蚀、断裂评定标准见表 6.3-11。

连接部钢板锈蚀、断裂　　　　　　　　　　　　　　　　表 6.3-11

标度	评定标准
	定性描述
1	完好
2	基本完好，极少量钢板锈蚀，无断裂现象
3	较多钢板锈蚀，少部分钢板出现穿孔或断裂
4	大量钢板出现锈蚀、断裂，造成主拱出现变形
5	大量钢板严重锈蚀、断裂，造成主拱严重变形并产生破坏，影响结构安全

③裂缝评定标准见表6.3-12。

裂　缝　　　　　　　　　　表6.3-12

标度	评 定 标 准	
	定性描述	定量描述
1	无裂缝	—
2	较少裂缝,缝宽未超限	缝长≤截面尺寸的1/3,间距>30cm
3	较多裂缝,缝宽未超限	缝长>截面尺寸的1/3且≤2/3,间距≥20cm
4	大量裂缝,缝宽超限,部分贯通	缝长≥截面尺寸的2/3,间距<20cm

④变形评定标准见表6.3-13。

变　形　　　　　　　　　　表6.3-13

标度	评 定 标 准
	定性描述
1	完好
2	—
3	轻微变形现象,变形小于限值
4	明显永久变形,变形过大,造成拱片出现裂缝
5	明显变形异常,拱片严重变形过大,产生严重破坏,或者造成桥面板严重塌落

6.4　某省道(4×30m)刚架拱桥案例

6.4.1　桥梁概况

某省道上一座钢筋混凝土刚架拱桥(图6.4-1、图6.4-2),桥梁全长151.376m,跨径布置为4×30m;桥面全宽50m,横向布置为3m(栏杆+人行道)+44m(行车道)+3m(栏杆+人行道)。

桥面系采用水泥混凝土桥面铺装,大理石栏杆。上部结构采用钢筋混凝土无铰刚架拱。下部结构采用石砌U形桥台,扩大基础,钢筋混凝土多柱式墩,灌注桩基础。

设计荷载为汽车-20级,通车时间为2004年。

图 6.4-1 桥梁立面　　　　　　　　图 6.4-2 桥梁正面

6.4.2 检查结果

1）桥面系典型病害（表6.4-1）

（1）桥面铺装出现4道贯穿全桥的纵向贯通裂缝，位置位于微弯板接缝对应处，长度共计160m；出现1处桥面铺装沉陷，面积为$0.6m^2$。

（2）2道伸缩缝均出现杂物堵塞、止水带老化现象。

（3）人行道0号台端道砖缺失1处，面积$15m^2$。

桥面系病害记录表　　　　　　　　表6.4-1

序号	构件名称	构件编号	病害位置	病害类型	病害特征	标度	照片编号
1	桥面铺装	1	微弯板接缝对应处	4道纵向贯通裂缝	$L_总=160m$	3	图6.4-3
2	桥面铺装	2	微弯板接缝对应处	4道纵向贯通裂缝	$L_总=160m$	3	—
3	桥面铺装	3	微弯板接缝对应处	4道纵向贯通裂缝	$L_总=160m$	3	—
4	桥面铺装	4	微弯板接缝对应处	4道纵向贯通裂缝	$L_总=160m$	3	—
5	桥面铺装	4	4-5号拱片上方	桥面铺装沉陷	$S=1.2\times0.5(m^2)$	4	图6.4-4
6	伸缩缝	0	—	杂物堵塞止水带老化	—	3	图6.4-5
7	伸缩缝	4	—	杂物堵塞止水带老化	—	3	—
8	人行道	R	0号台端	道砖缺失	$S=6\times2.5(m^2)$	2	图6.4-6

2）上部结构典型病害（表6.4-2）

（1）刚架拱片1处弦杆与斜撑接头处混凝土断裂、压溃，对应处桥面板沉陷，失去承载能力，面积$S=0.09m^2$；刚架拱片1处混凝土剥落掉角，面积$S=0.01m^2$。

图 6.4-3　1 号桥面铺装纵向贯通裂缝

图 6.4-4　4 号桥面铺装沉陷

图 6.4-5　0 号伸缩缝杂物堵塞、止水带老化

图 6.4-6　R 号人行道道砖缺失

(2) 横向联系混凝土剥落露筋 10 处,面积 $S=10.06\mathrm{m}^2$。

(3) 桥面板 U 形裂缝 1 道,长 1m,宽 0.12mm;纵向裂缝伴随泛白 2 道,长度共计 9m;纵向裂缝 5 道,长度共计 27m。桥面板沉陷 2 处,面积 $S=0.6\mathrm{m}^2$。

上部结构病害记录表　　　　　表 6.4-2

序号	构件名称	构件编号	病害位置	病害类型	病害特征	标度	照片编号
1	刚架拱片	1-2	主拱腿距 2 墩 0.6m 处	剥落掉角	$S=0.1\times0.1$ (m^2)	2	—
2	刚架拱片	4-5	3 号墩端弦杆与斜撑接头处	断裂破碎	$S=0.3\times0.3$ (m^2)	5	图 6.4-7
3	横向联系	1-2、1-3、1-6	跨中处	剥落露筋	$S=0.3\mathrm{m}^2$	3	图 6.4-8
4	横向联系	2-2、2-4、2-7	跨中处	剥落露筋	$S=0.4\mathrm{m}^2$	3	—
5	横向联系	3-1、3-2、3-3、3-6	跨中处	剥落露筋	$S=0.36\mathrm{m}^2$	3	图 6.4-9

续上表

序号	构件名称	构件编号	病害位置	病害类型	病害特征	标度	照片编号
6	桥面板	3-4	跨中处加劲肋延伸至微弯板	U形裂缝	$L=1\text{m}, \delta=0.12\text{mm}$	2	图6.4-10
7	桥面板	4-4	跨中处	纵向裂缝伴随泛白	2道,$L_{共}=9\text{m}$	2	图6.4-11
8	桥面板	4-4	3号墩端弦杆与斜撑接头处	桥面板沉陷	$S=1.2\times0.5$(m^2)	4	图6.4-12
9	桥面板	4-5	3号墩端弦杆与斜撑接头处	桥面板沉陷	$S=1.2\times0.5$(m^2)	4	—
10	桥面板	1-1~1-2	跨中处	纵向裂缝	2道,$L=12\text{m}$,$\delta=0.1\text{mm}$	2	—
11	桥面板	2-2~2-4	跨中处	纵向裂缝	3道,$L=15\text{m}$,$\delta=0.1\text{mm}$	2	—

图6.4-7 4-5号拱片断裂、破碎

图6.4-8 1-2号横向联系剥落露筋

图6.4-9 2-7号横向联系剥落露筋

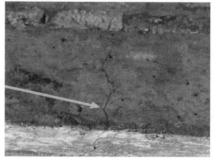

图6.4-10 3-4号微弯板U形裂缝

图 6.4-11 4-4 号微弯板纵向裂缝伴随泛白

图 6.4-12 桥面板沉陷

3) 下部结构(表 6.4-3)

(1) 桥台存在流水冲蚀 2 处;桥头跳车 2 处。

(2) 桥墩存在流水冲蚀 30 处;钢筋锈蚀 2 处,面积 $S = 0.12 m^2$。

下部结构病害记录表　　　　　　表 6.4-3

序号	构件名称	构件编号	病害位置	病害类型	病害特征	标度	照片编号
1	桥台	0	前墙	流水轻微冲蚀	—	2	图 6.4-13
2			桥台上方	桥头跳车	高差 $H = 30 mm$	2	图 6.4-14
3		4	前墙	流水轻微冲蚀	—	2	
4			桥台上方	桥头跳车	高差 $H = 30 mm$	2	
5	桥墩	1-1 ~ 1-10	墩身	流水冲蚀	—	2	图 6.4-15
6		2-1 ~ 2-10	墩身	流水冲蚀	—	2	
7		3-1 ~ 3-10	墩身	流水冲蚀	—	2	
8		2-7	墩身	钢筋锈蚀	$S = 0.2 \times 0.5 (m^2)$	3	图 6.4-16
9		3-3	墩身	钢筋锈蚀	$S = 0.2 \times 0.1 (m^2)$	2	

图 6.4-13 0 号桥台前墙轻微冲蚀

图 6.4-14 0 号桥台上方跳车

图 6.4-15　1号墩冲蚀

图 6.4-16　墩身钢筋锈蚀

6.4.3　技术状况评定

桥梁部件权重重分配采用将缺失部件权重值按照既有部件权重在全部既有部件权重中所占比例进行分配的方法，分配权重、构件数量见表 6.4-4。

桥梁部件重分配计算表　　表 6.4-4

部位	类别 i	名　　称	权重	重新分配后权重	构件数量	备注
上部结构	1	拱片	0.50	0.50	64	注1
	2	横向联系	0.25	0.25	52	注2
	3	桥面板	0.25	0.25	76	注3
下部结构	4	翼墙、耳墙	0.02	0.00	0	—
	5	锥坡、护坡	0.01	0.01	4	—
	6	桥墩	0.30	0.31	30	注4
	7	桥台	0.30	0.31	2	—
	8	墩台基础	0.28	0.30	5	—
	9	河床	0.07	0.07	1	—
	10	调治构造物	0.02	0.00	0	—
桥面系	11	桥面铺装	0.40	0.40	4	—
	12	伸缩装置	0.25	0.25	2	—
	13	人行道	0.10	0.10	2	—
	14	栏杆、护栏	0.10	0.10	2	—
	15	排水系统	0.10	0.10	1	—
	16	照明、标志	0.05	0.05	1	—

注：1. 拱片：每片拱肋作为一个构件，4跨，每跨(5+6+5)个拱片，共计64片。
2. 横向联系：两片拱肋间的横向联系作为1个构件，4跨，每跨(4+5+4)个，共计52片。
3. 桥面板：两片拱肋间的桥面板作为1个构件，每个边板作为1个构件，4跨，每跨(6+7+6)个，共计76个。
4. 桥墩：无盖梁，每个墩柱作为一个构件，3个桥墩，每墩(3+4+3)个墩柱，共计30个。

桥梁技术状况评分见表6.4-5。

桥梁技术状况评分表　　　　　表6.4-5

部位	类别 i	名称	构件数量	构件数量及得分		部件得分及等级	部位得分及等级	全桥得分及等级
上部结构	1	拱片	64	1	0.0	0.0(5类)	39.3 (5类)	59.7 (4类)
				1	75.0			
				62	100.0			
	2	横向联系	52	10	55.0	80.9(2类)		
				42	100.0			
	3	桥面板	76	2	40.0	76.4(3类)		
				9	65.0			
				65	100.0			
下部结构	4	锥坡、护坡	4	4	100.0	100.0(1类)	76.6 (3类)	
	5	桥墩	30	1	49.4	64.3(3类)		
				1	61.7			
				28	75.0			
	6	桥台	2	2	64.4	60.8(3类)		
	7	墩台基础	5	5	100.0	100(1类)		
	8	河床	1	1	100.0	100(1类)		
桥面系	9	桥面铺装	4	1	35.9	47.2(4类)	66.4 (3类)	
				3	60.0			
	10	伸缩装置	2	2	60.0	56.0(3类)		
	11	人行道	2	1	75.0	85.0(2类)		
				1	100.0			
	12	栏杆、护栏	2	2	100.0	100.0(1类)		
	13	排水系统	1	1	100.0	100.0(1类)		
	14	照明、标志	1	1	100.0	100.0(1类)		

6.4.4 结论

根据《公路桥梁技术状况评定标准》(JTG/T H21—2011)4.1.5条的规定，按分层综合评定法评定桥梁技术状况等级为4类。该刚架拱桥拱片存在混凝土破损、压溃现象，符合5类桥单项控制指标的情况。最终桥梁技术状况评定等级为5类。

第7章　带挂梁结构的桥梁技术状况评定

7.1　桥型简介

常见带有挂梁的结构有悬臂梁桥(图7.1-1)和T形刚构桥(图7.1-2)。无论悬臂梁桥还是带挂梁的T形刚构桥,由于设置挂梁后提高了跨越能力,同时还是静定结构,在荷载作用下受力相对明确,在20世纪八九十年代广受欢迎。跨中带有挂梁的结构形式由于桥面上伸缩缝数量的增加,导致高速行车的平顺性较差,21世纪以来很少新建此类结构。

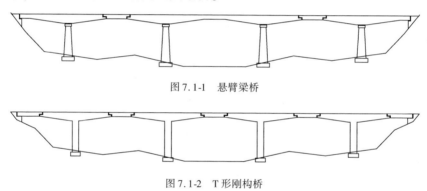

图7.1-1　悬臂梁桥

图7.1-2　T形刚构桥

牛腿(图7.1-3)是带挂梁结构的一个重要组成部分,用来衔接悬臂梁和挂孔,传递来自挂梁的荷载。由于梁体在牛腿位置发生截面突变,应力集中现象严重,虽然设计时加大配筋或设置预应力,但也难免产生裂缝。同时牛腿处伸缩缝往往极易损坏,牛腿部位长期受到渗水侵蚀难以避免,进一步加剧了开裂(图7.1-4)和钢筋锈蚀等病害的恶化。2004年,辽宁盘锦田庄台大桥因牛腿断裂导致挂梁坍塌事故。

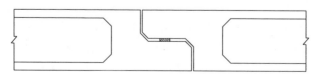

图7.1-3　牛腿构造

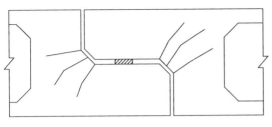

图 7.1-4　牛腿裂缝

7.2　排查要点

带挂梁结构的桥梁按照下列要点排查,对于排查过程中无法判明原因或程度的,应开展专项检测。牛腿处一般检查人员不便到达,而且检查空间受限,不能直接观察到关键部位。对于外观发现有明显渗水、开裂或钢筋锈蚀的桥梁,应及时安排更换挂梁支座或牛腿专项养护工作,将挂梁起吊后详细检查牛腿处病害。

(1) 牛腿上方是否渗漏水、是否长期浸水侵蚀(图 7.2-1)。

图 7.2-1　牛腿上方渗漏水

(2) 牛腿是否存在明显的钢筋锈蚀(图 7.2-2)。

图 7.2-2　牛腿处钢筋锈蚀

63

（3）牛腿附近位置是否开裂及裂缝形态(图 7.2-3)。

图 7.2-3　牛腿开裂

（4）挂梁是否发生异常位移，支座是否脱落或严重老化。
（5）是否有异常振动或不明原因异响。

7.3　评定标准

带挂梁结构的桥梁技术状况评定在满足《公路桥梁技术状况评定标准》（JTG/T H21—2011）的基础上，尚应参考《技术要求》中的其他关于带挂梁结构桥梁的条款。

7.3.1　部件、构件划分及权分配

1）部件划分及权重分配（表 7.3-1）

梁式桥各部件权重值　　　　表 7.3-1

部　位	类别 i	评价部件	权　重
上部结构	1	上部承重构件（主梁、挂梁、牛腿）	0.70
	2	上部一般构件（湿接缝、横隔板等）	0.18
	3	支座	0.12
下部结构	4	翼墙、耳墙	0.02
	5	锥坡、护坡	0.01
	6	桥墩	0.30
	7	桥台	0.30
	8	墩台基础	0.28
	9	河床	0.07
	10	调治构造物	0.02

续上表

部　位	类别 i	评价部件	权　重
桥面系	11	桥面铺装	0.40
	12	伸缩装置	0.25
	13	人行道	0.10
	14	栏杆、护栏	0.10
	15	排水系统	0.10
	16	照明、标志	0.05

2）构件划分

上部承重构件划分时，牛腿作为主梁的独立构件分开评定，具体评定指标见表7.3-7。

7.3.2　上部结构技术状况评定

上部承重构件和上部一般构件的评定指标及分级评定标准：

（1）蜂窝、麻面、剥落、掉角、空洞、孔洞等混凝土表观缺陷评定标准见表7.3-2。

混凝土表观缺陷评定标准　　　　表7.3-2

标度	评 定 标 准	
	定性描述	定量描述
1	完好，无蜂窝麻面	—
2	较大面积蜂窝麻面	累计面积≤构件面积的50%
	局部混凝土剥落或掉角	累计面积≤构件面积的5%，或单处面积≤0.5m²
	局部混凝土空洞、孔洞	
3	大面积蜂窝麻面	累计面积＞构件面积的50%
	较大范围混凝土剥落或掉角	累计面积＞构件面积的5%且＜构件面积的10%，或单处面积＞0.5m²且＜1.0m²
	较大范围混凝土空洞、孔洞	
4	大范围混凝土剥落或掉角	累计面积≥构件面积的10%，或单处面积≥1.0m²
	大范围混凝土空洞、孔洞	

(2)跨中挠度评定标准见表7.3-3。

跨 中 挠 度　　　　　表 7.3-3

标度	评 定 标 准	
	定性描述	定量描述
1	完好	—
2	较好,梁体无明显变形	—
3	出现明显下挠,挠度小于限值,或个别构件出现弯曲变形,行车稍感振动或摇晃	跨中最大挠度≤计算跨径的1/1000;悬臂端最大挠度≤悬臂长度的1/500
4	出现显著下挠,挠度接近限值,或构件存在明显的永久变形,变形小于或等于规范值,梁板出现较严重病害	跨中最大挠度>计算跨径的1/1000 且≤计算跨径的1/600;悬臂端最大挠度>悬臂长度的1/500 且≤悬臂长度的1/300
5	挠度或其他变形大于限值,造成结构出现明显的永久变形,梁板出现严重病害,显著影响承载力和行车安全	跨中最大挠度>计算跨径的1/600;悬臂端最大挠度>悬臂长度的1/300

(3)结构变位评定标准见表7.3-4。

结 构 变 位　　　　　表 7.3-4

标度	评 定 标 准
	定性描述
1	完好
2	较好,结构无明显位移
3	横向联结件松动,纵向接缝开裂较大
4	边梁有横移或外倾现象,行车振动或摇晃明显,有异常声音
5	构件有严重的横向位移,存在失稳现象,结构振动或摇晃显著

(4)预应力构件损伤(锚头、钢绞线、齿板等)评定标准见表7.3-5。

预应力构件损伤　　　　　表 7.3-5

标度	评 定 标 准
	定性描述
1	完好
2	锚头、钢绞线等无明显缺陷
3	钢绞线裸露、出现极个别断丝现象,或锚头出现开裂等现象,或齿板位置处出现部分裂缝,裂缝未超限
4	部分钢绞线断裂或失效,或锚头开裂较严重但未完全失效,或齿板位置处裂缝严重,裂缝超限
5	预应力钢绞线大量断裂,预应力损耗严重,或锚头损坏失效,梁板出现严重变形

(5)悬臂梁桥、T形刚构桥裂缝评定标准见表7.3-6。

悬臂梁桥和T形刚构桥裂缝 表7.3-6

标度	评 定 标 准	
	定性描述	定量描述
1	无裂缝	—
2	局部出现网状裂纹,或主梁出现少量轻微裂缝,缝宽未超限	网状裂纹累计面积≤构件面积的20%,单处面积≤1.0m²,或主梁裂缝缝长≤截面尺寸的1/3
3	出现大面积网状裂纹,或主梁出现横向裂缝(钢筋混凝土梁),或顺主筋方向出现纵向裂缝,或出现斜裂缝、水平裂缝、竖向裂缝等,缝宽未超限	网状裂纹累计面积>构件面积的20%,单处面积>1.0m²,或主梁缝长>截面尺寸的1/3且≤1/2
4	主梁控制截面出现较多横向裂缝(钢筋混凝土梁),或顺主筋方向出现严重纵向裂缝并伴有钢筋锈蚀等,或出现斜裂缝、水平裂缝、竖向裂缝等,裂缝缝宽超限	缝长>截面尺寸的1/2,间距<30cm
5	主梁控制截面出现大量结构性裂缝,裂缝大多贯通,且缝宽严重超限,主梁出现变形	缝宽>1.0mm,间距<20cm

(6)牛腿评定标准见表7.3-7。

牛 腿 缺 陷 表7.3-7

标度	评 定 标 准
	定性描述
1	完好
2	轻微风化
3	严重渗水侵蚀或局部锈蚀
4	渗水、锈蚀严重,混凝土开裂、个别支座脱落或大量支座老化变形
5	多处严重开裂、严重的钢筋锈胀、异响或异常振动等,有断裂风险

7.4 某带挂梁结构桥梁评定案例

7.4.1 桥梁概况

某预应力混凝土T形刚构桥,桥梁全长343.48m,跨径布置为$1×27m+6×47m+1×27m$,共8孔,桥梁全宽14.24m,横向布置为0.37m(装饰板)+1.5m(栏杆+人行道)+10.5m行车道+1.5m(栏杆+人行道)+0.37m(装饰板)。

桥梁上部结构形式为T形刚构加挂梁。T构主梁为单箱双室预应力混凝土箱梁,挂梁为单箱双室普通钢筋混凝土梁,悬臂和挂梁全部现浇。在桥台及牛腿处,均采用板式橡胶支座,设有防震挡块,桥面采用沥青混凝土铺装。

桥梁纵断面见图7.4-1。

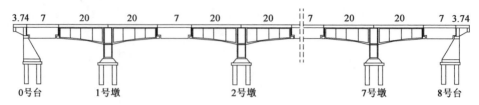

图7.4-1 桥梁纵断面(尺寸单位:m)

7.4.2 检测结果

1)桥面系典型病害

(1)伸缩装置病害(表7.4-1)。

伸缩装置病害记录表　　　　　表7.4-1

序号	构件名称	构件编号	病害位置	病害类型	病害特征	标度	照片编号
1	伸缩缝	1号	止水带	破损	—	2	图7.4-2
2		2号	止水带	破损	—	2	图7.4-3
3		5号	止水带	破损	—	2	—
4		7号	—	堵塞	—	2	—

图7.4-2 伸缩缝止水带破损脱落

图7.4-3 伸缩缝止水带破损

(2)人行道病害(表7.4-2)。

人行道病害记录表　　　　　表7.4-2

序号	构件名称	构件编号	病害位置	病害类型	病害特征	标度	照片编号
1	人行道	L、R	路缘石	表层剥落	全桥	2	图7.4-4
2		L	距9号伸缩缝9m处	砂浆脱落	—	2	图7.4-5
3		L、R	桥头位置	铺砌脱落	—	2	—

图 7.4-4 路缘石表层剥落

图 7.4-5 人行道铺装脱落

（3）护栏、栏杆病害（表 7.4-3）。

护栏病害记录表　　　　表 7.4-3

序号	构件名称	构件编号	病害位置	病害类型	病害特征	标度	照片编号
1	栏杆	R	扶手,距1号伸缩缝5m	钢筋锈胀	3处	2	—
2		R	扶手底座4号伸缩缝处	开裂	$L=1.5m$	2	图 7.4-6
3		R	距6号伸缩缝11m处	缺失	—	2	—
4		R	扶手,12号伸缩缝上方	晃动、开裂	—	2	—
5		R	13号伸缩缝处	钢管晃动	—	2	—
6		L	扶手,距13号伸缩缝12m处	破损露筋	$S=0.1\times0.8(m^2)$	2	图 7.4-7
7		L	距12号伸缩缝4m端部	缺失	—	2	—

图 7.4-6 护栏底座开裂

图 7.4-7 护栏破损露筋

2）上部结构典型病害

该桥上部结构形式为T形刚构加挂梁。经检查发现,该桥上部结构病害为挂梁混凝土开裂、破损、钢筋锈胀等,悬臂梁箱室外侧混凝土开裂、破损、钢筋锈胀等,牛腿露筋锈蚀,防震挡块混凝土开裂、钢筋锈胀,悬臂梁箱室内部顶板存在大量纵向裂缝、横隔板混凝土开裂等。

由于上部结构构件较多,病害分布复杂,以孔为单位进行详细展开(本案例中仅描述其中第1号、2号孔典型病害)。

（1）第1号孔。

第1号孔相关病害见表7.4-4～表7.4-6。

1号挂梁病害记录表　　　　　　　　　　表7.4-4

序号	名称	病害位置	病害类型	病害特征	标度	照片编号
1	翼缘板	0号台上方右侧	破损露筋	$S = 0.2 \times 0.8 (m^2)$	2	图7.4-8
2	翼缘板	0号台上方左侧	破损露筋	$S = 0.2 \times 0.4 (m^2)$	2	图7.4-9
3	翼缘板	左侧防震挡块上方	破损露筋	$S = 0.1 \times 1.8 (m^2)$	2	图7.4-10
4	梁底	右边缘,牛腿处	露筋锈蚀	$L = 0.25 m$	2	图7.4-11

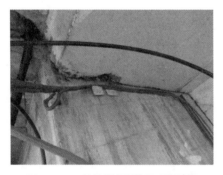

图7.4-8　1号挂梁右翼缘板破损露筋

图7.4-9　1号挂梁左翼缘板破损露筋

图7.4-10　1号挂梁左翼缘板钢筋锈胀

图7.4-11　1号挂梁底面露筋锈蚀

1-1 号悬臂梁箱室外侧病害记录表　　　表 7.4-5

序号	名称	病害位置	病害类型	病害特征	标度	照片编号
1	翼缘板	左侧防震挡块上方	破损露筋	$S=0.1\times1.8(m^2)$	2	图 7.4-12
2	牛腿	左边缘底面	露筋锈蚀	$L=0.15m$	2	图 7.4-13
3	牛腿	距右边缘 1.5m	破损露筋	$S=0.2\times0.4(m^2)$	2	图 7.4-14
4	悬臂板	1-1 号牛腿上方右侧	破损露筋	$S=0.1\times0.4(m^2)$	2	图 7.4-15
5	防震挡块	左侧挡块后侧面	混凝土破损	$S=0.1\times0.1(m^2)$	2	图 7.4-16
6	梁底	底部左边缘	露筋锈蚀	5 处	2	图 7.4-17

图 7.4-12　1-1 悬臂梁左翼板钢筋锈胀

图 7.4-13　1-1 号悬臂梁底面露筋锈蚀

图 7.4-14　1-1 号牛腿底面破损露筋

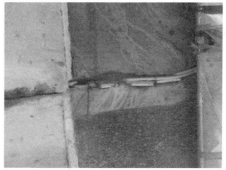

图 7.4-15　右侧悬臂板破损露筋

图 7.4-16　左挡块后侧面混凝土破损　　　　图 7.4-17　1-1 号梁底露筋锈蚀 5 处

1-1 号悬臂梁箱室内部病害记录表　　　　表 7.4-6

序号	名称	病害位置	病害类型	病害特征	标度	照片编号
1	箱梁	1-1-1 号室顶板	纵向裂缝 27 条	$L=0.3\sim3\text{m}$ $D=0.06\sim0.20\text{mm}$	2	图 7.4-18a)
2	箱梁	1-1-2 号室顶板	纵向裂缝 37 条	$L=0.3\sim3.0\text{m}$ $D=0.06\sim0.20\text{mm}$	2	
3	横隔板	1-1-1 号室挂梁处	横向裂缝 2 条	$L=0.3\sim0.5\text{m}$ $D=0.16\sim0.36\text{mm}$	3	图 7.4-18b)
4	横隔板	1-1-1 号室挂梁处	竖向裂缝 2 条	$L=0.3\sim0.7\text{m}$ $D=0.16\sim0.26\text{mm}$	2	
5	横隔板	1-1-2 号室挂梁处	竖向裂缝 3 条	$L=0.4\sim1.3\text{m}$ $D=0.16\sim0.40\text{mm}$	3	
6	横隔板	1-1-2 号室挂梁处	横向裂缝 1 条	$L=0.5\text{m}$ $D=0.14\text{mm}$	2	
7	横隔板	1-1-2 号室挂梁处	斜向裂缝 3 条	$L=0.3\sim0.8\text{m}$ $D=0.18\sim0.20\text{mm}$	2	
8	横隔板	1-1-1 号室墩顶北侧	斜向裂缝 1 条	$L=0.3\text{m}$ $D=0.08\text{mm}$	2	图 7.4-18c)
9	横隔板	1-1-1 号室墩顶南侧	斜向裂缝 1 条	$L=0.6\text{m}$ $D=0.14\text{mm}$	2	
10	横隔板	1-1-2 号室墩顶北侧	斜向裂缝 1 条	$L=1.5\text{m}$ $D=0.10\text{mm}$	2	
11	横隔板	1-1-2 号室墩顶南侧	斜向裂缝 1 条	$L=1.5\text{m}$ $D=0.14\text{mm}$	2	

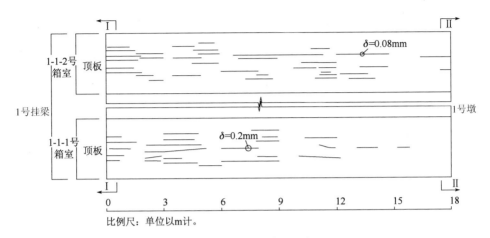

a) 顶板裂缝展开图

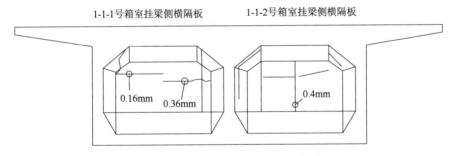

b) 挂梁侧横隔板裂缝展开图（Ⅰ-Ⅰ剖面）

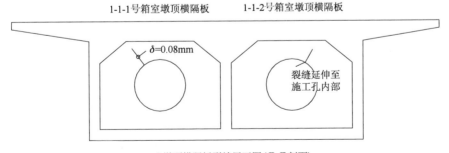

c) 墩顶横隔板裂缝展开图（Ⅱ-Ⅱ剖面）

图 7.4-18　1-1 号悬臂梁箱室内部裂缝展开图

（2）第 2 号孔。

第 2 号孔相关病害见表 7.4-7～表 7.4-11。

2号挂梁病害记录表　　　　　　　　　　　　　　表7.4-7

序号	名称	病害位置	病害类型	病害特征	标度	照片编号
1	挂梁	左缘2-1号牛腿处	掉角	$V=0.3\times0.3\times0.4(m^3)$	2	图7.4-19
2	挂梁	距2-2号牛腿1m范围内	露筋锈蚀	共15处	2	图7.4-20
3	挂梁	距2-2号牛腿0.2m,距右缘1.5m	破损露筋	$S=0.2\times0.1(m^2)$	2	图7.4-21
4	挂梁	中心线上,始于2-2号牛腿	露筋锈蚀	$L=6m$	2	图7.4-22

图7.4-19　2号挂梁左边缘混凝土破损露筋

图7.4-20　2号挂梁梁底露筋锈蚀15处

图7.4-21　2号挂梁底面破损露筋

图7.4-22　2号挂梁底面露筋锈蚀

2-1 号悬臂梁箱室外侧病害记录表　　　　　　　表 7.4-8

序号	名称	病害位置	病害类型	病害特征	标度	照片编号
1	梁底	左边缘距 1 号墩 2m	钢筋锈胀	$S=0.2\times0.4(m^2)$	2	图 7.4-23
2	梁底	中心线距 1 号墩 6m	麻面	$S=1\times1(m^2)$	2	图 7.4-24
3	梁底	距 2-1 号牛腿 0.8m 处	钢筋锈胀	通长	2	—
4	翼缘板	右边缘距 2-1 号牛腿 3m 处	钢筋锈胀	$L=0.15m$	2	图 7.4-25
5	牛腿	2-1 号牛腿底面	钢筋锈胀	12 处	2	图 7.4-26
6	悬臂板	左侧,距 1 号墩 9m、13m、17m 处	开裂	3 处	2	—

图 7.4-23　2-1 号梁底钢筋锈胀

图 7.4-24　2-1 号梁底粗糙麻面

图 7.4-25　右侧翼缘板右边缘钢筋锈胀

图 7.4-26　2-1 号牛腿底面露筋锈蚀 12 处

2-1 号悬臂梁箱室内部病害记录表　　　　　　表7.4-9

序号	名称	病害位置	病害类型	病害特征	标度	照片编号
1	箱梁	2-1-1 号室顶板	纵向裂缝 33 条	$L=0.3\sim3\mathrm{m}$ $D=0.10\sim0.15\mathrm{mm}$	2	图 7.4-27a)
2	横隔板	2-1-1 号室挂梁处	横向裂缝 1 条	$L=2.1\mathrm{m}$ $D=0.35\mathrm{mm}$	3	图 7.4-27b)
3	横隔板	2-1-1 号室挂梁处	竖向裂缝 2 条	$L=1.4\mathrm{m}$ $D=0.35\mathrm{mm}$	3	
4	横隔板	2-1-1 号室挂梁处	斜向裂缝 1 条	$L=0.3\mathrm{m}$ $D=0.14\mathrm{mm}$	2	
5	横隔板	2-1-1 号室墩顶北侧	锈胀露筋	$L=1.1\mathrm{m}$	2	图 7.4-27c)
6	箱梁	2-1-2 号室顶板	纵向裂缝 28 条	$L=0.3\sim3.0\mathrm{m}$ $D=0.08\sim0.15\mathrm{mm}$	2	图 7.4-27a)
7	横隔板	2-1-2 号室挂梁处	横向裂缝 1 条	$L=0.6\mathrm{m}$ $D=0.14\mathrm{mm}$	2	图 7.4-27b)
8	横隔板	2-1-2 号室挂梁处	斜向裂缝 1 条	$L=0.4\mathrm{m}$ $D=0.16\mathrm{mm}$	2	
9	横隔板	2-1-2 号室挂梁处	竖向裂缝 2 条	$L=0.4\sim1.3\mathrm{m}$ $D=0.16\sim0.35\mathrm{mm}$	3	
10	横隔板	2-1-2 号室墩顶北侧	斜向裂缝 1 条	$L=1.5\mathrm{m}$ $D=0.10\mathrm{mm}$	2	图 7.4-27c)

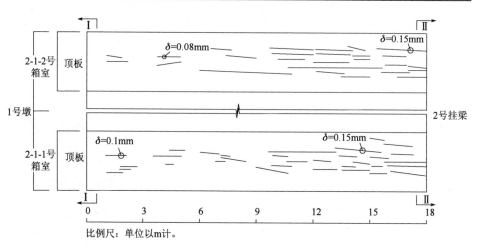

a) 顶板裂缝展开图

图 7.4-27

第 7 章 带挂梁结构的桥梁技术状况评定

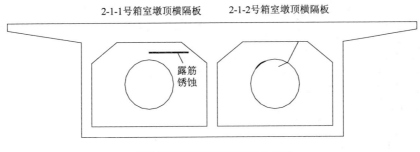

b) 挂梁侧横隔板裂缝展开图（Ⅰ-Ⅰ剖面）

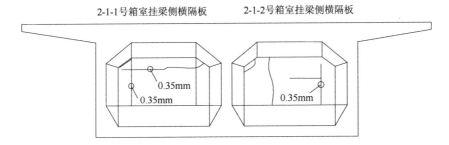

c) 墩顶横隔板裂缝展开图（Ⅱ-Ⅱ剖面）

图 7.4-27 2-1 号悬臂梁箱室内部病害示意图

2-2 号悬臂梁箱室外侧病害记录表　　　　　　　　表 7.4-10

序号	名称	病害位置	病害类型	病害特征	标度	照片编号
1	牛腿	左边缘	渗水污染	—	2	—
2	梁底	右边缘	露筋锈蚀	通长	2	图 7.4-28
3	梁底	自人孔内侧延伸至梁底	纵向裂缝	$L=1.7m$ $\delta=0.1\sim0.16mm$	2	图 7.4-29
4	腹板	右侧腹板，2 号墩处，距梁底 0.18m	纵向裂缝	$L=1.8m$ $\delta=0.1mm$	2	—
5	翼缘板	右侧翼缘板，距 2 号墩 5m 处	露筋锈蚀	$S=0.2\times0.2(m^2)$	2	—
6	悬臂板	右侧，2 号墩处	钢筋锈胀	$L=0.6m$	2	—

图 7.4-28　2-2 号梁底右边缘露筋锈蚀　　　图 7.4-29　2-2 号梁底纵向裂缝延至人孔

2-2 号悬臂梁箱室内部病害记录表　　　表 7.4-11

序号	名称	病害位置	病害类型	病害特征	标度	照片编号
1	箱梁	2-2-1 号室顶板	纵向裂缝 14 条	$L = 0.3 \sim 1.8\text{m}$ $D = 0.08 \sim 0.20\text{mm}$	2	图 7.4-30a)
2	横隔板	2-2-1 号室挂梁处	斜向裂缝 3 条	$L = 0.3 \sim 0.7\text{m}$ $D = 0.08 \sim 0.36\text{mm}$	3	图 7.4-30b)
3	横隔板	2-2-1 号室墩顶北侧	竖向裂缝 1 条	$L = 0.4\text{m}$ $D = 0.18\text{mm}$	2	图 7.4-30c)
4	箱梁	2-2-2 号室顶板	纵向裂缝 12 条	$L = 0.3 \sim 2.0\text{m}$ $D = 0.08 \sim 0.20\text{mm}$	2	图 7.4-30a)
5	横隔板	2-2-2 号室挂梁处	横向裂缝 1 条	$L = 0.4\text{m}$ $D = 0.18\text{mm}$	2	图 7.4-30b)
6	横隔板	2-2-2 号室挂梁处	竖向裂缝 2 条	$L = 0.6\text{m}$ $D = 0.18\text{mm}$	2	
7	横隔板	2-2-2 号室挂梁处	麻面	$S = 0.2 \times 0.1(\text{m}^2)$	2	
8	横隔板	2-2-2 号室墩顶北侧	斜向裂缝 2 条	$L = 0.3 \sim 0.7\text{m}$ $D = 0.14\text{mm}$	2	图 7.4-30c)

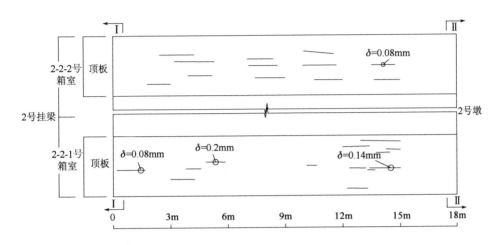

a) 顶板裂缝展开图

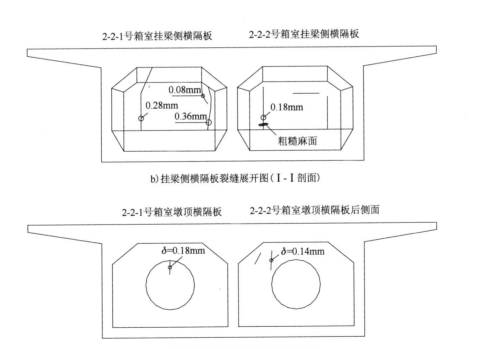

b) 挂梁侧横隔板裂缝展开图（Ⅰ-Ⅰ剖面）

c) 墩顶横隔板裂缝展开图（Ⅱ-Ⅱ剖面）

图 7.4-30　2-2 号悬臂梁箱室内部病害示意图

3）下部结构典型病害

（1）桥台病害（表7.4-12）。

桥台病害记录表　　　　　　　　　　　表7.4-12

序号	名称	构件编号	病害位置	病害类型	病害特征	标度	照片编号
1	台帽	0号	右边缘	钢筋锈胀	共10处	2	—
2	台帽	0号	中心线上	竖向裂缝	$L=0.8m, \delta=2.0mm$	2	图7.4-31
3	台身	0号	—	桥头跳车	沉降值2.8cm	2	图7.4-32

图7.4-31　0号台帽竖向裂缝　　　　图7.4-32　0号台身桥头跳车

（2）桥墩、盖梁病害（表7.4-13）。

桥墩、盖梁病害记录表　　　　　　　　表7.4-13

序号	名称	构件编号	病害位置	病害类型	病害特征	标度	照片编号
1	桥墩	2号	前侧面右边缘	钢筋锈胀	共3处	2	图7.4-33
2	桥墩	2号	前侧距右缘1.4m	竖向裂缝	$L=0.7m, \delta=0.17mm$	2	图7.4-34
3	承台	2号	顶面,墩身前侧面	露筋锈蚀	3处,$L=1m$	2	图7.4-35
4	桥墩	3号	右侧距墩顶0～2m	开裂	$L_{总}=6.0m, \delta=0.14mm$	2	图7.4-36

图7.4-33　2号墩前侧面右边缘钢筋锈胀　　　　图7.4-34　2号前侧面竖向裂缝

图 7.4-35　2 号承台顶面露筋锈蚀

图 7.4-36　3 号墩混凝土开裂

(3)锥坡、护坡病害(表 7.4-14)。

锥坡、护坡病害记录表　　　　　　表 7.4-14

序号	名称	构件编号	病害位置	病害类型	病害特征	标度	照片编号
1	护坡	0 号	右边缘	沉陷	$L=1.5\mathrm{m}$	2	图 7.4-37
2	护坡	0 号	距右边缘 0～5m	勾缝开裂脱落	—	2	图 7.4-38
3	锥坡	0-1 号	—	破损沉陷	$S=0.5\times1.0(\mathrm{m}^2)$	2	图 7.4-39
4	锥坡	0-2 号	左边缘	勾缝脱落	—	2	图 7.4-40

图 7.4-37　0 号护坡右边缘沉陷

图 7.4-38　0 号护坡勾缝开裂、脱落

图 7.4-39　0-1 号锥坡破损沉陷

图 7.4-40　0-2 号锥坡勾缝脱落

7.4.3 技术状况评定

桥梁部件重分配计算表见表7.4-15，桥梁技术状况评定计算表见表7.4-16。

桥梁部件重分配计算表 表7.4-15

部位	类别 i	名称	权重	重分配后权重	构件数量	备注
上部结构	1	上部承重构件（主梁、牛腿、挂梁）	0.70	0.70	36	注1
	2	上部一般构件（横隔板）	0.18	0.18	21	注2
	3	支座	0.12	0.12	56	—
下部结构	4	翼墙、耳墙	0.02	0.02	4	—
	5	锥坡、护坡	0.01	0.01	2	—
	6	桥墩	0.30	0.30	7	—
	7	桥台	0.30	0.30	4	—
	8	墩台基础	0.28	0.28	9	—
	9	河床	0.07	0.07	1	—
	10	调治构造物	0.02	0.02	1	—
桥面系	11	桥面铺装	0.40	0.40	8	—
	12	伸缩装置	0.25	0.25	7	—
	13	人行道	0.10	0.10	2	—
	14	栏杆、护栏	0.10	0.10	2	—
	15	排水系统	0.10	0.10	1	—
	16	照明、标志	0.05	0.05	1	—

注：1. 第1孔及第8孔各3个构件（悬臂梁1、挂梁1、牛腿1），其余每孔5个构件（悬臂梁2、挂梁1、牛腿2），共计36个构件（牛腿单独算1个构件）。
2. 以每个桥墩上方箱室横隔板为1个构件，全桥7个桥墩合计7个构件；以每个悬臂梁挂梁侧端横隔板为1个构件，全桥共14处合计14个构件。全桥共计21个构件。

桥梁技术状况评定计算表 表7.4-16

部位	类别 i	名称	构件数量	构件数量及得分	部件得分及等级	部位得分及等级	全桥得分及等级
上部结构	1	1号挂梁	36	1　75.0	64.1 (3类)	66.6 (3类)	78.1 (3类)
		1-1号牛腿		1　75.0			
		1-1号悬臂梁		1　53.5			
		2号挂梁		1　75.0			
		2-1号牛腿		1　75.0			
		2-1号悬臂梁		1　53.5			
		2-2号牛腿		1　75.0			
		2-2号悬臂梁		1　53.5			
		其他构件		28　75.0			

续上表

部位	类别	名称	构件数量	构件数量及得分		部件得分及等级	部位得分及等级	全桥得分及等级
上部结构	2	1-1号悬臂端横隔板	21	1	55.0	54.2(4类)	66.6(3类)	
		1号墩顶横隔板		1	45.3			
		2-1号悬臂端横隔板		1	55.0			
		2-2号悬臂端横隔板		1	55.0			
		2号墩顶横隔板		1	65.0			
		其他构件		16	65.0			
	3	支座	56	全部	100.0	100.0(1类)		
下部结构	4	翼墙、耳墙	4	全部	100.0	100.0(1类)	83.3(2类)	78.1(3类)
	5	锥坡、护坡	2	1	100.0	85.0(2类)		
				1	75.0			
	6	2号墩	7	4	48.9	60.0(3类)		
		3号墩		1	65.0			
		其他		2	100.0			
	7	桥台	4	2	75.0	84.9(2类)		
				2	100.0			
	8	墩台基础	9	全部	100.0	100.0(1类)		
	9	河床	1	全部	100.0	100.0(1类)		
	10	调治构造物	1	全部	100.0	100.0(1类)		
桥面系	11	桥面铺装	8	全部	100.0	100.0(1类)	90.8(2类)	
	12	伸缩装置	7	4	75.0	82.9(2类)		
				3	100.0			
	13	人行道	2	全部	75.0	72.5(3类)		
	14	栏杆、护栏	2	全部	61.7	57.9(4类)		
	15	排水系统	1	全部	100.0	100.0(1类)		
	16	照明、标志	1	全部	100.0	100.0(1类)		

7.4.4 结论

根据《公路桥梁技术状况评定标准》(JTG/T H21—2011)4.1.5条的规定，按分层综合评定法评定桥梁技术状况等级为3类。该桥无符合5类桥单项控制指标的情况，最终评定结果为3类。

第8章 中、下承式拱桥技术状况评定

8.1 桥型简介

中承式拱桥的行车道位于拱肋的中部(图8.1-1),桥面系(行车道、人行道、栏杆等)部分用吊杆悬挂在拱肋下,部分用门式刚架立柱支承在拱肋上。

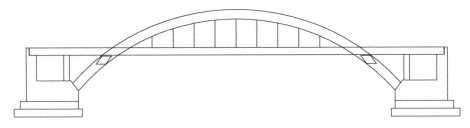

图8.1-1 中承式拱桥

下承式拱桥通过吊杆将所有纵梁和横梁系统悬挂在拱肋下,在纵梁、横梁上设置行车道板,组成桥面系(图8.1-2)。

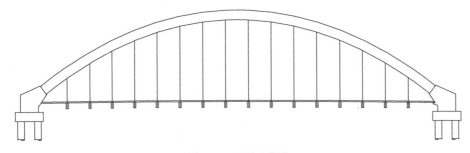

图8.1-2 下承式拱桥

中、下承式拱桥不仅保持了上承式拱桥的基本力学特性,而且具有广泛的适用场合:当桥梁的建筑高度受到严格限制,采用上承式拱桥有困难或矢跨比过小时,采用中、下承式拱桥可满足桥下净空要求;在平坦地形的河流上,采用中、下承式拱桥可以降低桥面高度,有利于改善桥梁两端引道的纵断面线形,减少引道的工程数量;当地基条件限制难以提供有效的水平推力时,采用中、下承式拱桥水平推力可以利用系杆提供,墩台不再承受水平推力。

中、下承式拱桥纵梁横梁间距一般在 4～10m 之间,桥面纵梁往往采用钢筋混凝土空心板、实心板、T 形或 Π 形梁形成的简支梁结构,这类构造吊杆之间的纵梁相互独立(图 8.1-3),吊杆是桥道结构的唯一支承构造,吊杆失效后横梁和相邻纵梁将同时塌落造成恶性事故。2001 年四川宜宾小南门大桥、2011 年新疆库尔勒孔雀河大桥、福建武夷山公馆大桥的事故均属此类事故。

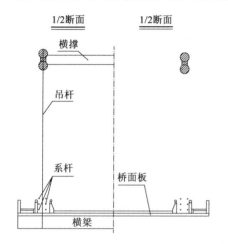 

图 8.1-3　无劲性纵梁典型断面

中、下承式拱桥也可采用劲性纵梁(或刚性系杆)和横梁形成的梁格体系上现浇桥面板形成组合梁(图 8.1-4),主梁的纵向刚度大大增加,与吊杆支承形成冗余的受力结构,个别吊杆失效后可通过劲性纵梁将荷载分配给相邻吊杆共同承担,大大降低了发生恶性事故的可能性。

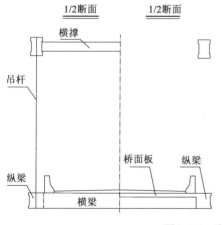 

图 8.1-4　劲性纵梁典型断面

8.2 排查要点

(1)单吊杆的中、下承式拱桥是否设有劲性纵梁。

设置单吊杆的中、下承式拱桥排查是否设有劲性纵梁,未设置劲性纵梁增强结构冗余的桥梁应重点关注。

(2)设置双吊杆的,吊杆是否单独受力、吊杆安全系数是否达到冗余需求。

中、下承式拱桥设置双吊杆的,应检查双吊杆是否单独受力以及每根吊杆的安全系数,重点考察单根吊杆失效后,另一根吊杆是否具备承担荷载的能力。

(3)吊杆(拉索)索力有无异常变化。

拉吊索索力直接反映桥梁结构整体的内力分配状态,《公路桥梁承载能力检测评定规程》(JTG/T J21—2011)规定,索力偏差超过±10%时应分析原因,检定其安全系数是否满足要求。

(4)吊杆(拉索)表面防护有无裂缝、鼓包、破损。

吊杆(拉索)表面防护由于材料老化失效、开裂(图8.2-1),人为划伤或车辆剐蹭、撞击作用导致发生破损(图8.2-2),将大幅度降低防护降低使用寿命,严重的会引起钢丝锈蚀。

图8.2-1 吊杆表面防护老化　　　　图8.2-2 吊杆表面防护破损

(5)吊杆(拉索)有无锈蚀、断丝,管内部有无积水。

吊杆(拉索)管内部有积水的情况下,会引起锈蚀、断丝(图8.2-3、图8.2-4),钢丝在高应力状态下腐蚀加速,进一步发展,可能会断裂。

(6)锚具是否渗水、锈蚀,锚固区是否开裂,锚头是否锈蚀、开裂,墩头或夹片是否异常,锚头螺母位置是否异常。

锚固区混凝土开裂(图8.2-5)、渗水,锚头密封性能或防护措施失效是导致锚头锈蚀的主要原因,排查时应选择短吊杆或可能发生渗水锈蚀的开封检查(图8.2-6)。检查时重点关注墩头(图8.2-7)或夹片是否异常,锚头螺母是否异常,检查完毕时做好防护和封锚(图 8.2-8),确保内部干燥、无渗水。

图 8.2-3　吊杆(拉索)钢丝锈蚀

图 8.2-4　吊杆(拉索)钢丝锈蚀

图 8.2-5　锚固区混凝土开裂

图 8.2-6　锚头积水

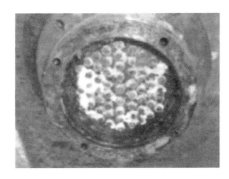

图 8.2-7　墩头锈蚀

图 8.2-8　锚头封闭

8.3　评定标准

中、下承式拱桥的技术状况评定在满足《公路桥梁技术状况评定标准》(JTG H21—2011)的基础上,尚应参考《技术要求》中的其他关于中承式拱桥的条款。

8.3.1 部件划分及权重分配

(1)部件划分及权重分配(表8.3-1)。

中、下承式拱桥各部件权重值　　　表8.3-1

部位	类别 i	评价部件	权重
上部结构	1	拱肋	0.28
	2	横向联系	0.05
	3	立柱	0.13
	4	吊杆	0.13
	5	系杆(含锚具)	0.28
	6	桥面板(梁)	0.08
	7	支座	0.05
下部结构	8	翼墙、耳墙	0.02
	9	锥坡、护坡	0.01
	10	桥墩	0.30
	11	桥台	0.30
	12	墩台基础	0.28
	13	河床	0.07
	14	调治构造物	0.02
桥面系	15	桥面铺装	0.40
	16	伸缩装置	0.25
	17	人行道	0.10
	18	栏杆、护栏	0.10
	19	排水系统	0.10
	20	照明、标志	0.05

(2)构件划分及要点说明。

①在构件划分数量时,吊杆构件按照杆身、上锚头、下锚头进行划分。

②构件到部件评定时,单根吊杆(拉索)或锚头评分最差值作为整个部件得分参与总评分。

③索力、桥面线形严重异常,锚头、拉索存在严重锈蚀有断裂风险,按照5类单项指标执行。

8.3.2 上部结构技术状况评定

(1)混凝土表观缺陷评定标准应按表8.3-2执行。
(2)锚头(含锚固区)缺陷评定标准见表8.3-3(替换《评定标准》中的"锚头损坏")。

混凝土表观缺陷评定标准　　表8.3-2

标度	评 定 标 准	
	定性描述	定量描述
1	完好	—
2	较大面积蜂窝、麻面	累计面积≤构件面积的50%
	局部混凝土剥落、掉角	累计面积≤构件面积的5%,或单处面积≤0.5m²
	局部混凝土空洞、孔洞	
3	大面积蜂窝、麻面	累计面积>构件面积的50%
	较大范围混凝土剥落、掉角	累计面积>构件面积的5%且<构件面积的10%,或单处面积>0.5m²且<1.0m²
	较大范围混凝土空洞、孔洞	
4	大范围混凝土剥落、掉角	累计面积≥构件面积的10%,单处面积≥1.0m²
	大范围混凝土空洞、孔洞	

锚头(含锚固区)缺陷　　表8.3-3

标度	评 定 标 准
	定性描述
1	完好
2	锚固区混凝土风化或钢构件轻微锈蚀
3	锚头油脂流失但无积水、锈蚀,锚固区混凝土裂纹或钢构件严重锈蚀
4	锚头积水、锈蚀、开裂,锚固区混凝土开裂锈蚀或钢构件变形
5	锚固端索体锈蚀、锚头严重锈蚀或夹片开裂、滑丝、松动,锚固区混凝土碎裂或钢构件裂纹

8.4 某省道(256m)中承式钢管混凝土拱桥案例

8.4.1 桥梁概况

某桥(图8.4-1)孔跨布置为(20+256+16+20)m,其中主跨为256m中承式钢管混凝土拱,为单吊杆设计,且未设置纵向劲性纵梁。边跨为2孔20m和1孔16m钢筋混凝土简支T形梁,全桥桥面连续,在梁端与桥台接缝处设置伸缩缝。该桥于2002年建成通车,设计荷载为汽车-20级。

图 8.4-1　桥梁立面照

本案例仅以该桥第 2 跨主桥（256m 跨径的中承式钢管混凝土拱桥）为例，进行说明。

8.4.2　检查结果

(1)桥面系典型病害。

桥面系典型病害为：

①桥面铺装存在 2 处坑槽；

②伸缩缝存在 2 处砂石堵塞；

③人行道存在竖向裂缝，横向裂缝，锈胀露筋。

桥面系病害记录表见表 8.4-1。

桥面系病害记录表　　　表 8.4-1

序号	构件名称	构件编号	病害位置	病害类型	病害特征	标度	照片编号
1	桥面铺装	2 号	右侧行车道，距 1 号桥墩 60m，距右侧人行道 0.5m	坑槽	$S=0.1\times1(m^2)$	2	图 8.4-2
2	桥面铺装	2 号	右侧行车道，跨中，距右侧人行道 0.2m	坑槽	$S=0.5\times0.3(m^2)$	2	图 8.4-3
3	伸缩缝	2 号	—	砂石堵塞	—	2	图 8.4-4
4	伸缩缝	3 号	—	砂石堵塞	—	2	—
5	人行道	L	警示线处	竖向裂缝	2 条，$L=0.5m$，$\delta=0.18mm$	2	图 8.4-5
6	人行道	R	距 1 号桥墩 3m	横向裂缝	$L=1.5m$，$\delta=0.18mm$	2	图 8.4-6
7	人行道	L	人行道板，2 号跨内	锈胀露筋	$S=6\times0.4(m^2)$	2	图 8.4-7

 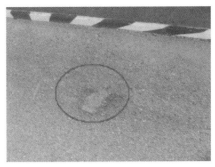

图 8.4-2　2号桥面铺装坑槽　　　　　图 8.4-3　2号桥面铺装坑槽

图 8.4-4　1号伸缩装置砂石堵塞　　　图 8.4-5　L人行道竖向裂缝

图 8.4-6　R人行道横向裂缝　　　　　图 8.4-7　L人行道锈胀露筋

（2）上部结构典型病害。

上部结构典型病害为：

①拱肋存在管内混凝土填充不密实,漆皮脱落、锈蚀,内侧拱肋存在积水。

②立柱存在锈胀露筋,混凝土破损,麻面。

③吊杆存在聚乙烯（PE）护套、钢护套划痕,破损,上锚头封锚处混凝土破损

开裂。

④桥面板存在纵梁锈胀露筋,U形裂缝;横梁混凝土破损,竖向裂缝;湿接缝破损露筋,混凝土破损。

⑤支座存在老化开裂、剪切变形。

上部结构病害记录表见表8.4-2。

上部结构病害记录表　　　　　　表8.4-2

序号	构件名称	构件编号	病害位置	病害类型	病害特征	标度	照片编号
1	拱肋	1号	内拱肋,1~2号隔板之间	不密实	4处,$S=0.5\times0.8(m^2)$	2	图8.4-8
2	拱肋	1号	内拱肋,1号隔板大桩号侧底部	积水	—	2	—
3	拱肋	1号	内拱肋,10号隔板小桩号侧底部	漆皮脱落、锈蚀	$S=0.1\times0.1(m^2)$	2	图8.4-9
4	拱肋	2号	内拱肋,12号隔板大桩号侧底部	漆皮脱落、锈蚀	$S=0.2\times0.3(m^2)$	2	图8.4-10
5	拱肋	2号	内拱肋,14~15号隔板之间	不密实	$S=0.3\times0.3(m^2)$	2	图8.4-11
6	拱肋	2号	内拱肋,14号隔板小桩号侧底部	积水	—	2	图8.4-12
7	立柱	2-2-1号	横系梁上方	麻面	$S=0.3\times0.4(m^2)$	2	图8.4-13
8	立柱	2-2-2号	2号横梁处	破损露筋	$S=0.1\times0.1(m^2)$	2	图8.4-14
9	吊杆	1-4号	上锚头	混凝土开裂	$L=1.2m,\delta=1mm$	2	图8.4-15
10	吊杆	1-5号	上锚头	混凝土开裂	3条,$L=0.6m$,$\delta=1mm$	2	图8.4-16
11	吊杆	1-9号	PE护套,距下方锚头7m范围内	划痕	2处,$S=0.1\times0.2(m^2)$	2	图8.4-17
12	吊杆	1-10号	PE护套,距下方锚头4m	破损	$S=0.1\times0.1(m^2)$	2	图8.4-18
13	桥面板	2-1-1号	纵梁左、右腹板1/4~3/4处	U形裂缝	12条,$L=0.4\sim0.8m$,$\delta=0.08\sim0.1mm$	2	图8.4-19

续上表

序号	构件名称	构件编号	病害位置	病害类型	病害特征	标度	照片编号
14	桥面板	2-3-5号	纵梁左侧翼缘板,跨中位置	破损露筋	$S=0.2\times0.1(m^2)$	2	图8.4-20
15	桥面板	2-6号	横梁,小桩号侧,跨中	竖向裂缝	$L=0.4m$,$\delta=0.12mm$	2	图8.4-21
16	桥面板	2-7号	横梁,2-12-3号纵梁下方,小桩号侧	混凝土破损	$S=0.2\times0.1(m^2)$	2	—
17	桥面板	2-11-1号	湿接缝,距2-5号横梁2m	混凝土破损	$S=0.1\times0.1(m^2)$	2	图8.4-22
18	桥面板	2-12-6号	湿接缝,跨中	破损露筋	$S=0.1\times0.1(m^2)$	2	图8.4-23
19	支座	2-4-8号	—	老化开裂	轻微	2	图8.4-24
20	支座	2-4-9号	—	剪切变形	10°	2	图8.4-25

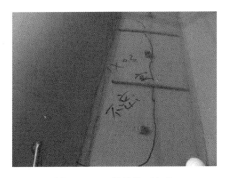

图8.4-8 1号拱肋不密实

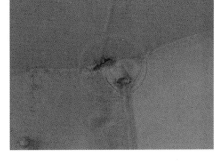

图8.4-9 1号拱肋漆皮脱落、锈蚀

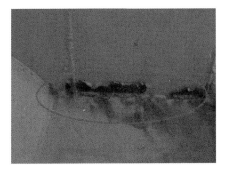

图8.4-10 2号拱肋漆皮脱落、锈蚀

图8.4-11 2号拱肋不密实

图 8.4-12　2 号拱肋积水

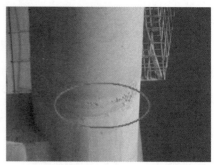
图 8.4-13　2-2-1 号立柱麻面

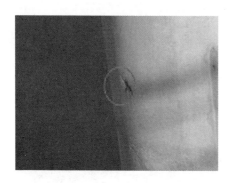
图 8.4-14　2-2-2 号立柱破损露筋

图 8.4-15　1-4 号上锚头混凝土开裂

图 8.4-16　1-5 号上锚头混凝土开裂

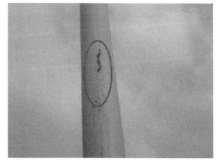
图 8.4-17　1-9 号吊杆划痕

图 8.4-18　1-10 号吊杆破损

图 8.4-19　2-1-1 号纵梁 U 形裂缝

图 8.4-20　2-3-5 号纵梁破损露筋

图 8.4-21　2-6 号横梁竖向裂缝

图 8.4-22　2-11-1 号湿接缝混凝土破损

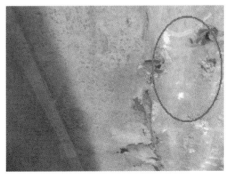
图 8.4-23　2-12-6 号湿接缝破损露筋

图 8.4-24　2-4-8 号支座老化开裂　　　图 8.4-25　2-4-9 号支座剪切变形

（3）下部结构状况良好，无明显病害。

8.4.3　技术状况评定

桥梁部件权重重分配采用将缺失部件权重值按照既有部件权重在全部既有部件权重中所占比例进行分配的方法，重分配权重、构件数量见表 8.4-3。

桥梁部件重分配计算表　　　　　　　　　　　表 8.4-3

部位	类别 i	名称	权重	重新分配后权重	构件数量	备注
上部结构	1	拱肋	0.28	0.39	8	注1
	2	横向联系	0.05	0.07	29	注2
	3	立柱	0.13	0.18	10	注3
	4	吊杆	0.13	0.18	126	注4
	5	系杆(含锚具)	0.28	0.00	0	—
	6	桥面板(梁)	0.08	0.11	601	注5
	7	支座	0.05	0.07	196	—
下部结构	8	翼墙、耳墙	0.02	0.00	0	
	9	锥坡、护坡	0.01	0.00	0	
	10	桥墩	0.30	0.00	0	
	11	桥台	0.30	0.00	0	
	12	墩台基础	0.28	0.80	2	注6
	13	河床	0.07	0.20	1	
	14	调治构造物	0.02	0.00	0	

续上表

部位	类别 i	名称	权重	重新分配后权重	构件数量	备注
桥面系	15	桥面铺装	0.4	0.4	1	—
	16	伸缩装置	0.25	0.25	2	
	17	人行道	0.1	0.1	2	
	18	栏杆、护栏	0.1	0.1	2	
	19	排水系统	0.1	0.1	1	
	20	照明、标志	0.05	0.05	1	—

注:1. 拱肋:两侧各设4道拱肋。
2. 横向联系:设置17个横撑、12个X形撑。
3. 立柱:大小桩号各设5道。
4. 吊杆:21对吊杆,每个吊杆拆分为索体、上锚头、下锚头。
5. 桥面板(梁)共计601个:
①横梁21道;
②桥面纵梁分布为:每两个横梁间为9片,桥面与拱肋连接处的两外侧各多设6片纵梁,合计312片;
③桥面纵梁湿接缝分布为:每两个横梁间为8条,桥面与拱肋连接处的两外侧各多3条,合计268条。
6. 墩台基础:两侧拱座基础。

桥梁技术状况评分见表8.4-4。

桥梁技术状况评分表　　　　　　　　　　　表8.4-4

部位	类别 i	名称	构件数量	构件数量及得分		部件得分及等级	部位得分及等级	全桥得分及等级
上部结构	1	拱肋	8	2个	61.7	85.9(2类)	84.4(2类)	89.8(2类)
				其他	100.0			
	2	横向联系	29	全部	100.0	100.0(1类)		
	3	立柱	10	1个	75.0	94.4(2类)		
				其他	100.0			
	4	吊杆	126	2个	65.0	65.0(3类)		
				2个	75.0			
				其他	100.0			
	5	桥面板(梁)	601	2个	65.0	84.5(2类)		
				4个	75.0			
				其他	100.0			

续上表

部位	类别 i	名称	构件数量	构件数量及得分		部件得分及等级	部位得分及等级	全桥得分及等级
上部结构	6	支座	196	2个	65.0	84.5(2类)	84.4(2类)	89.8(2类)
				其他	100.0			
下部结构	7	墩台基础	2	全部	100.0	100.0(1类)	100(1类)	
	8	河床	1	全部	100.0	100.0(1类)		
桥面系	9	桥面铺装	1	全部	75.0	75.0(3类)	80.4(2类)	
	10	伸缩装置	2	全部	75.0	72.5(3类)		
	11	人行道	2	全部	75.0	72.5(3类)		
	12	栏杆、护栏	2	全部	100.0	100.0(1类)		
	13	排水系统	1	全部	100.0	100.0(1类)		
	14	照明、标志	1	全部	100.0	100.0(1类)		

注：1. 吊杆的评定按照本指南 8.3.1 中第 2 款执行："构件到部件评定时，单根吊杆(拉索)或锚头评分最差值作为整个部件得分参与总评分。"
2. 立柱的表观缺陷评定标准按表 8.3-2 执行。

8.4.4 结论

根据《公路桥梁技术状况评定标准》(JTG/T H21—2011) 4.1.5 条的规定，按分层综合评定法评定主桥桥梁技术状况等级为 2 类。主桥部分无符合 5 类桥单项控制指标的情况。最终主桥桥梁技术状况等级为 2 类。

参 考 文 献

[1] 全国交通工程设施(公路)标准化技术委员会(SAC/TC 223).公路路线标识规则和国道编号:GB/T 917—2017[S].北京:中国标准出版社,2017.

[2] 交通运输部.公路工程技术标准:JTG B01—2014[S].北京:人民交通出版社股份有限公司,2015.

[3] 交通部.公路工程技术标准:JTG B01—2003[S].北京:人民交通出版社,2004.

[4] 交通部.公路桥涵设计通用规范:JTJ 021—89[S].北京:人民交通出版社,1989.

[5] 交通部.公路桥梁车辆荷载及净空标准暂行规定[S].北京:人民交通出版社,1967.

[6] 交通部.公路工程设计准则(修订草案)[S].北京:人民交通出版社,1956.

[7] 交通部.公路桥涵养护规范:JTG H11—2004[S].北京:人民交通出版社,2004.

[8] 交通运输部.公路桥梁技术状况评定标准:JTG/T H21—2011[S].北京:人民交通出版社,2011.

[9] 交通运输部.公路桥梁承载能力检测评定规程:JTG/T J21—2011[S].北京:人民交通出版社,2011.

[10] 交通运输部.公路桥梁加固设计规范:JTG/T J22—2008[S].北京:人民交通出版社,2008.

[11] 交通运输部.公路桥梁加固施工技术规范:JTG/T J23—2008[S].北京:人民交通出版社,2008.

[12] 交通运输部.公路工程质量检验评定标准 第一册 土建工程:JTG F80/1—2017[S].北京:人民交通出版社股份有限公司,2018.

[13] 交通运输部.公路桥涵施工技术规范:JTG/T F50—2011[S].北京:人民交通出版社,2011.

[14] 中国工程建设标准化协会.公路桥梁水下构件检测技术规程:T/CECS G:J56—2019[S].北京:人民交通出版社股份有限公司,2019.

[15] 范立础.桥梁工程(上册)[M].3 版.北京:人民交通出版社股份有限公司,2017.

[16] 顾安邦,向中富.桥梁工程(下册)[M].3 版.北京:人民交通出版社股份

有限公司,2017.

［17］ 刘玲嘉. 桥梁工程[M]. 北京：人民交通出版社股份有限公司,2017.

［18］ 《双曲拱桥》三结合编写小组. 双曲拱桥图集[M]. 北京：人民交通出版社,1971.

［19］ 《钢筋混凝土桁架拱桥》三结合编写组. 钢筋混凝土桁架拱桥[M]. 北京：人民交通出版社,1977.

［20］ 江苏省水利厅. 江苏省小型配套建筑物图集　第一分册：桁架拱桥.1982.

［21］ 章关永. 桥梁结构试验[M]. 北京：人民交通出版社,2010.

［22］ 张劲泉,王文涛. 桥梁检测与加固手册（上册）[M]. 北京：人民交通出版社,2007.

［23］ 张劲泉,宿健,程寿山,等. 混凝土旧桥材质状况与耐久性检测评定指南及工程实例[M]. 北京：人民交通出版社,2007.